U0055073

巴爾幹半島
自助21日遊

曹嘉芸

著

行前準備

每次出去玩都從出發後才開始記錄，其實行前的準備往往是最費事也最耗時的，這次就從準備開始寫吧！

機票

當決定好暑假要去巴爾幹半島諸國走走之後，我3月中就開始找便宜的機票，原本看中土耳其航空的機票（含稅NT.41000），因為它的航點很多，還可以從不同地點進出——行程可以規劃由北到南一線後，直接回家，不需走回頭路、浪費時間。

大略排好行程之後，我3月26日打電話找旅行社報價時，才發現土航在我們要出發的當天已經全部都客滿了，而且是處於無法候補的狀態（waiting close）。我因為工作時間的關係，非得在6月29日出發、7月19日回到台灣，所以只能趕快找其他航空公司替補，幸好在http://www.skyscanner.com.tw這個網站可以搜尋到很多航空公司的班次時間及票價。不過有一些票價優惠得從國外網站上訂購才能享受得到，但我不免有些擔心：萬一之後要改票，連絡上似乎有點麻煩。所以我只用它的搜尋功能決定航空公司，之後再找國內的旅行社或是航空公司的代理商訂票及開票。雖然價錢會比網站上最低價貴一到兩千塊，但是能夠順利溝通、找得到聯絡窗口還是令我安心一點。

試了一整個晚上，如果還是要維持原本克羅埃西亞進巴爾幹半島、從馬其頓回台灣的話，5萬元以下的機票只剩俄羅斯航空及中國航空可以搭了，偏偏這兩家我都不敢也不

想搭！後來想想，似乎也沒必要一定要維持這個行程，先找便宜的著陸點就好，行程之後再來調整應該也不成問題。所以我一一的試了巴爾幹半島上幾個國家的首都，最後看到瑞士航空的價錢似乎不錯（NT.43000），但是它在這區只有塞爾維亞的首都貝爾格勒，跟馬其頓的首都史高比耶這兩個點可以選，轉機的時間很不錯（不會等很久），我立刻在心裡大喊：就是它了！

隔天早上立刻去電瑞士航空訂位組，但是他們無法讓我直接訂票，得找他們的代理商「世達通運」。因為從瑞航的網站上只能訂從曼谷或是香港起飛的航段，從台灣這邊接過去的這一段沒辦法訂。看來，我也只能找旅行社幫忙了。

旅行社的小姐查價之後，跟我說從曼谷轉機的行程比較便宜，另外如果要從馬其頓回台的話，價錢會比從塞爾維亞回來高。幾經思考，最後還是票價獲勝，就訂了台灣經曼谷轉機到貝爾格勒的來回機票，一個人是NT.44600。對於這個結果，雖不滿意但還可以接受，因為本來就有計畫前往塞爾維亞，只是最後還是得從

塞爾維亞回來，因此與塞國間存有政治問題的科索沃看來是去不成了。而且現在必須把行程排成一圈，也非得申請到塞爾維亞的入境許可文件才行，後續要忙的事情還真不少呢！

塞爾維亞入境許可

塞爾維亞對台灣人的入境規定很奇怪：就是不用申請簽證、但是得申請入境許可文件。因為其在台沒有辦事處的關係，最容易的作法就是寄到它駐日本的大使館去辦理。網路上可以查到不少前輩成功申請的經驗，所以我想應該不會太困難。首先下載這個「Visa application」表格（http://www.serbianembassy.jp/SRPSKI/Formulari%20i%20slike/Visa%20application%20form.pdf），填好之後貼妥兩吋照片2張，連同機票影本、訂房證明、護照影本，還有處理費用（每個人的辦理費用是日幣5172圓）一起寄去位於東京的大使館。所有的證件及證明都是影本就可以了，這樣也不怕護照會寄丟，真的是很好對吧！

我跟旅伴兩個人的申請資料一同寄去，用郵局的EMS服務，寄件費是台幣240元。因為還得請對方辦妥之後郵寄回來，所以我在寄去的資料當中放了一個寫了我家的地址的信封，並且把日幣11000圓夾在裡面，剩下的錢就是給大使館當寄回來的郵資，我想這樣他們應該會懂吧！我在5月25日郵寄出去，大使館的人辦妥之後用航空郵件寄回的郵戳是5月29日，而我在台中實際收到的日期是6月4日，大約費時10天左右，算是非常有效率。回函的郵資是日幣220圓（兩人份的證件），裡面是每人一張英文版、一張塞爾維亞文版的入境許可及一張辦理規費的收據。

本來以為一切都沒問題了，直到6月13日，我打算影印所有的文件備份時，才發現塞爾維亞語版本的入境許可上我的名字被打錯了，簡直令我大為震驚！這應該是很嚴重的事情吧！因為去到那裏，當地人應該只看那份塞爾維亞語的資料。火速的把英、塞兩個版本的文件拍照之後，並用編輯軟體圈出兩版本不同處，立刻發e-mail通知塞爾維亞駐日本大使館，詳細註明我的正確英文姓名及護照相關資料，

並詢問該如何處理？所幸這一切的驚嚇在我第二天收到來自大使館的回信後，稍稍平復了一些，大使館的人說已經立刻幫我重新寄出一份新的、正確的塞爾維亞語版本的入境許可文件，要我收到之後，把舊的那一份丟掉就好，並祝我在塞國旅行愉快。

雖說如此，在還沒收到正確無誤的入境許可之前，我心裡仍舊毛毛的。昂貴的機票錢可都已經付了呢！不過這些擔心都是多餘的，6月18日，正確的入境許可到手，一切就等著打包行李出發囉！

蒙特內哥羅申報式免簽

蒙特內哥羅雖然免簽，但必須事先提出申請。這個部份主要由我的旅伴育胤負責處理的，必須先去外交部領事局下載旅遊計畫表（http://www.boca.gov.tw/ct.asp?BaseDSD=13&CuItem=2357&CtUnit=18&mp=1）。填妥之後用e-mail，把檔案傳到ilirijana.cungu@mfa.gov.me，如果一切順利，二到三天後會收到一封回覆說已經把你的資料送到邊境關

口、可以去蒙國旅行沒有問題之類的回信。當然，有些人似乎一直沒等到回信，可能的原因是e-mail漏信的關係，最好是重寄一次或是打電話去確認比較保險。另外我也聽過有人因為太早申請，去到蒙特內哥羅邊境時，關員根本找不到資料而出現問題的。所以我們直到6月12日才辦，建議出發前一至兩週辦理即可。

申請表格不會很難填，就兩個出入境的關口要填正確，資料才會送到你要出入境的正確地方。我們打算從克羅埃西亞搭巴士到蒙特內哥羅，所以入境地點要選Other，後面填 Karasovići（Debeli Brijeg）即可。出境是要搭巴士前往阿爾巴尼亞，所以也是選Other，後面填Sukobin, Ulcinj。這裡的路沒有很多條，如果是跟我一樣的走法，這樣填就沒有問題了。

至於阿爾巴尼亞，從2011年6月1日起就免簽至今，要前往的人出發時再確認一下最新的狀態。馬其頓本來從2011年4月1日起給台灣護照免簽一年，不過出發前我發現該國延長台灣護照免簽的時間至2018年3月31日，這一段時間大家就可以自由前往囉！

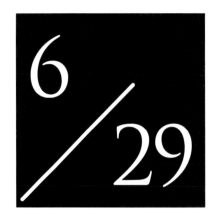

6/29

出發

第一天就要這麼刺激嗎？

暑假第一天出國的人很多，建議一定要早點去機場等候。當我抵達時，華航飛往曼谷的櫃台才剛開櫃；大概是人多的關係，處理速度很慢，輪到我們時，地勤說我們的塞爾維亞入境許可不能用，不是簽證。但之前做功課時，也沒聽說哪位旅遊前輩發生問題，大家不都這樣申請了「入境許可」就去了?!地勤人員說他們會去查證，請我們把護照及入境許可書都留在櫃檯，等查好了再通知我們。

一直到12點30分，我們都還沒收到通知；但飛機是13點20分起飛的，我們怎會不著急?!我和旅伴趕緊穿越人群擠到櫃台前去問，得到的答覆也是：還在查證中。直到13點，地勤人員的督導說，我們一定得要有塞爾維亞的簽證，只有這份入境許可，他們只能給我們到曼谷的登機證，行李也只能掛到曼谷。但我問她行李掛到曼谷之後要怎麼拿，她說我們可以去轉機櫃台處理，如果櫃台願意發給我們下一段的登機證，我們可以請那邊的地勤幫我們把行李改掛塞爾維

亞；如果不行反正台灣護照在曼谷可以辦落地簽證，辦好以後自己出去提領行李。不然，我們也可以選擇提行李上飛機。

由於我們的行李箱裝了一些瓶瓶罐罐，加上也有水果刀等不能登機的違禁品，在沒有別的選擇下，我們只好拖運了。但我告訴地勤人員說：如果是因為你們弄錯，我只需要入境許可就可進塞爾維亞的話，一切衍生的損失非得你們公司負責不可。

時間已經13點了，我們掛完行李，還得排隊通關，通關後還得一路狂奔去登機，心情一整個極糟。上了飛機，我還一直在思考：就這麼上飛機，到底對、還是不對？在這裡，用中文溝通都說不通了，到了曼谷，得用英文來喬，我真的能把狀況說清楚嗎？

到了曼谷，有一位地勤在出口舉著印有我們兩個人的名字的牌子等著我們，說我們得去辦落地簽才能去領我們的行李，並在櫃台重新Check-in行李及辦下一段的登機證。還說台北有發電報通知他們，我們兩個妞沒有塞爾維亞簽證。唉！就說台灣護照不用簽證只要辦入境許可，你們這堆地勤是都聽不懂吼！聽不懂也可以上網查呀！中華民國外交部網站寫得明明白白的，搞不懂是查到哪邊去了？真的很令人無言！反正走著瞧，等我有網路可以查時，看你能說什麼。（外交部領事事務局網站　http://www.boca.gov.tw，於「旅外安全資訊／各國暨各地區簽證、旅遊及消費者保護資訊」項目中可查。）

泰國落地簽

認命的去辦泰國落地簽證（arrival visa），沿著指標走很容易可以找到辦理的地方，辦落地簽也很容易，要有1張4cm×6cm（2吋）照片（現場拍100泰銖）及1000泰銖的現金，填個表格，排隊等一下就好了。辦好之後，即可從裡面入境，不必再去排一次隊。

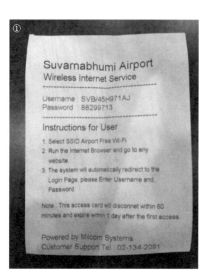

①②曼谷機場無線網路

我們領了行李，在機場內四處晃一下，大廳這邊沒有免費的網路可以使用，因此我也無法先到塞爾維亞駐日本大使館把免簽的網頁查好備用。瑞航櫃台在起飛前4小時開櫃，到時免不了又得等他們確認一番。

果然，開櫃後我們過去Checi-in，先生問我簽證呢？我說：台灣人不用簽證。接著他們就開始在電腦鍵盤敲敲打打，沒多久之後跟我說：你要簽證。此時，我再次重申我們台灣護照不用簽證，但我有申請入境許可文件。這個對他們來說太新鮮了，因為沒人這這樣Check-in過，所以全部的人都過來研究我們的文件，我當時只怕他們傳來傳去會弄爛我的文件呀！我還讓他們過目駐日本大使館寄來的信封，並請他們上日本代表處的網站去查。我一副篤定的樣子，他們也沒辦法，只能去電請示高層（不知是否為海關人員？），沒多久來了一個洋帥哥，他看了我們的文件後，狂翻他手上的小冊子，但是仍然找不到台灣免簽

的資訊。他要我們在櫃台那裡等，他要出去外面查。瑞航的地勤人員很好，有一個小姐向我們解釋，這是一定要查清楚的，不然航空公司會有問題，也說有些國家在泰國也沒有使館，她們也得寄到別國去辦簽證云云。旁邊另一個先生則是試圖用他的手機上網查，總之，態度比我們桃園機場的地勤好太多。

洋帥哥回來後，似乎也沒查到什麼，整個問題又回到瑞航身上，於是有一個胖主管出來問我們問題，問我們做什麼，去那邊幹嘛？有訂旅館嗎？（我們出示了訂房記錄）然後他問我有帶信用卡和現金嗎？這當然都有。他要求我給他看信用卡跟錢。（又來了，上次去伊朗，航空公司也要看錢）看完後說：OK，我相信你們。不過，我們得Copy一份你們的資料備查。（他印了我們的護照及塞爾維亞的入境許可。）這對我們來說當然是沒問題啦，搞了快一小時，能決定放我們上機當然好啦！

那個小姐又跟我們說，反正瑞士有給台灣免簽，如果真進不了塞爾維亞，我們也還可以到蘇黎士的。話雖如此，她還是把行李直掛貝爾格勒，這讓我鬆了一口氣。

趕快過海關吃飯去，進到裡面之後，可以拿護照在某些櫃台換領免費無線上網60分鐘的帳號密碼。我立刻上網查到駐日大使館說明台灣護照免簽及許可文件那一頁，並抄下網址備用，萬一再遇到說不清時，直接Show這一頁面即可。（網址http://www.serbianembassy.jp/index.php?option=com_content&view=category&layout=blog&id=11&Itemid=31）

晚餐後，要準備登機前，那個洋帥哥又帶了一個人在登機門堵我們。說穿了他

還是不相信台灣到塞爾維亞可以免簽，還帶了他的電腦來讓我們查給他看，幸好我剛剛做了準備，沒多久就點開駐日本大使館說明台灣護照免簽、但需有文件那一個頁面，裡面的第一行就寫著：Holders od Taiwanese passports do not need visa to enter Republic of Serbia. 兩人看了之後都無話可說了。來的另一個人還和我們聊了一下，並說塞爾維亞沒有把這個消息傳到各個國家，他們才會不知道是這種狀況。感覺上，似乎是他們為難了我們而很抱歉的樣子。唉！只能說台灣的護照太特別，要去的地方太冷門了，能怪誰呢！

上飛機後想想這第一天也太刺激了吧！旅程的後續，還有許多要跨過國境的行程，如果每次都這樣來一次，誰受得了呀！在這種精神緊繃的折騰後，一放鬆下來很快我就睡著了，連飛機供應的晚餐都沒吃呢！瑞航的位置還挺好睡的，當我睡醒時一看，足足睡了近9小時，剩下的2.5小時吃吃早餐，看部電影一下子時間就過了。

塞爾維亞‧貝爾格勒

在蘇黎士降落後，我們只有約一小時的轉機時間，我很怕在這裡要又要查護照，所以抵達的第一件事就是趕緊確認機場有免費的無線網路可以使用，以免又要為了我們的簽證之事費力說明。幸好，什麼事情都沒發生，只要過一條安檢線檢查行李而已，一下子我們已到登機門附近了。登機門附近沒啥可逛，不過椅子上都有插座可供充電，所以大部分的旅人都在低頭滑手機；無奈我的插頭放在託運的行李箱裡！

巴爾幹，我來了!

不到兩小時我們就降落在貝爾格勒機場了，為了怕過海關又被盤問很久，我先上廁所去。機場內放置了可以換錢的機器，十分新鮮有趣——出國這麼多次、去過那麼多個國家，這還是我第一次看到呢！我們兩個先試了換100歐元，換到10500din，而且鈔票都很新耶！其中100din上面的人是特士拉（Tesla），而且有$T = Wb/m^2$的字樣。查了資料才知道他是塞爾維亞

· 入境章就蓋在入國許可上

· 貝爾格勒尼古拉‧特斯拉機場的換鈔機器

· 機場外的A1巴士站和巴士

·售票小姐給的代幣，進到巴士停靠區要拿這個進去　　·巴士票券

裔的美國人，但從來也沒取得塞爾維亞的公民權，連出生地都位於今日的克羅埃西亞，但塞爾維亞仍視他為自己人，連首都貝爾格勒的國際機場皆以他來命名——貝爾格勒尼古拉·特斯拉機場。

緊張的通關時間到了，我拿了我的護照及塞語、英語的入境許可給海關人員看，他只看了幾眼入境許可，接著仔細地核對我護照的資訊頁後，便在塞語版的入境許可上蓋了入境章，沒有蓋在我的護照上。果然，我們真的只要那張入境許可＋護照就可以入境了。華航，賠我的泰簽費來！

出關之後，行李也很順利的到了，所以蘇黎士一個小時的轉機時間的確是沒有問題的。機場外，搭乘A1巴士（每15分鐘就有一班，票價300din），大約20-30分鐘就到市中心的火車站了，我們今天落腳的旅館就在火車站對面的Downtown Belgrade Hostel，有廚房、衛浴可住3-4人的公寓，一晚只要€30。因為我們到時才10點半左右，還不能進房間，行李放著我們就出去閒逛了，順便先去旁邊的巴士站買了明天去烏日采（Užice）的巴士票（09:45-13:30，1人820din）。除了車票之外，售票小姐還給了兩枚代幣，是給乘客進到巴士停靠區用的，沒買票的，自然進不了那一區。我想這是為了方便管控進出的人員吧！

・貝爾格勒的市場東西俗擱大碗

售票小姐聽得懂英文，知道我們聽不懂塞語，直接把螢幕轉給我們看班次的時間，算是容易處理車票的國家。反觀火車站，冷冷清清的，也沒看到什麼人、什麼車，想想還是搭巴士可靠一點。

貝爾格勒是座河邊的山城，火車站、公車站在靠河邊一帶，地勢相對較低，其餘的火車站北方、東方的地勢皆較高，有些地方坡度還挺陡的。我有些慶幸旅館選在火車站對面，不然光拖行李上坡應該會累到哭出來吧！

這附近的地圖以《地球的步方》書上印的最佳，印刷清楚到連小路都有，機場Information拿的市區單張也不錯，上面有建築物的外觀可供對照，很容易確定自己看到的是哪一棟建築物。

時間近中午，肚子有點餓了，在路邊賣漢堡的小攤買了個臉一般大的漢堡，只要140din（約NT.53），我用圖片點了份牛肉堡，由於份量很大，兩個人吃一個就很夠了！之後，我和旅伴去了菜市場，蔬菜、水果都蠻便宜的，水蜜桃一公斤從

·麥當勞

30-100din（NT.11.4-38）都有，我們買一公斤70 din等級的，4個水蜜桃才用掉我們25din（NT.9.5），實在是太便宜了！

是誰說這裡很恐怖的？市場的對面就是麥當勞，街景十分乾淨、漂亮，果然是歐洲的感覺呀！沿著кнеза милоща大道走到Moskva旅館，沿途的建築各具特色，一路上也有不少精品店，相當繁榮及進步。

走到舊皇宮（Stari dvor, old palace）看到聚集一群參觀的人潮，但我們走到入口時，警衛卻說不能進去——可能是要預約吧？我們只好在外面瞧瞧，並遠眺國會議事堂（Narodna skupština, National Assembly）。逛了這一圈，時間也差不多該走回去辦Check-in了。

Downtown Belgrade Hostel是我在Booking.com網站上預定的，雖說是Hostel，但它有附衛浴及廚房的兩人公寓，讓我們可以住得自在點。房間就在同棟的2.5樓。這棟建築前側與後側為錯層設計，共用電梯及

．這裡的街道是濃濃的歐洲風格，走在其間十分舒適

· Downtown Belgrade Hostel

· 舊皇宮

· Downtown Belgrade Hostel 地點十分好

樓梯，所以前後棟會差半層樓。這對我來說真的很新奇呀！

房間的確不差，就地板有些老舊，走動時會有聲音；床也沒有很堅固，一翻身就會ㄍㄧˋㄍㄨㄞˊ地亂叫，不過地點實在是非常好。

卡萊梅丹公園

休息過後，我們打算搭2號路面電車去卡萊梅丹公園（Калемегдан, Old Turkish Quarter）。因為沒看到有啥售票亭可以買車票，於是上車後，我們直接跟司機買，

· 路面電車紅色外觀，十分搶眼

① ②

· ① ② 戰爭博物館

可是每人的車票竟然高達150 din。一路上我們一直想不透，為什麼這票價會這麼貴？但直到我們下車為止，並沒有看到其他人跟司機買票，也沒看到有人去做刷卡的動作，實在是搞不清楚原因啊！

一路上雨下下停停的。下車的地點由於地勢較高，風吹來真是寒冷啊！公園位於多瑙河與薩瓦河匯流處的岬角小山丘上，地理位置重要，自古就被建成要塞。目前可見的城牆就好幾層，可見其重要的戰略地位。

因為下雨，很多人紛紛離去，但我們留下來了。能在雨後漫步於偌大寧靜的公園中，感覺很舒適。

· Gindan 門

· Sv. Ruzica 教堂

· Sv. Ruzica 教堂婚禮

接著我們去了與城牆連接的Sv. Ruzica教堂，巧遇了正在舉行婚禮的新人，正好一窺教堂婚禮的部分儀式。這個教堂小巧可愛，外牆長滿了葉子十分有生命力，就像為了祝賀新人般，此時天氣突然又放晴了，在藍天的映襯下，教堂顯得更美麗了。

教堂一旁，還有一個聖佩特卡小禮拜堂（Saint' s Petka Chapel），門口有一幅很新、很精緻的馬賽克，裡面的牆及圓頂也皆為馬賽克拼出的聖經故事畫面，十分值得進去參觀。此處於中世紀就是一個小教堂，1521年因聖佩特卡的遺體被安置在此處而命名，目前的小教堂原建於1937年，但於1944年第二次大戰期間被同盟國的美軍轟炸而毀壞，後來才又重建的。原本舊時牆上的繪畫全都毀壞，現在看到的馬賽克是由杜拉洛維奇（Djuro Radlovic）設計，1975-1982年間重新裝飾上去的，看起來才會如此的嶄新亮麗。此教堂亦以聖水著名，不少人進去之後都會帶幾瓶回去，並把錢投入箱中，至於是隨意樂捐還是有特定價錢，就無法得知了。聖水的由來已久，早在建教堂之前，在這裡的地下發現了神奇的湧泉，據聞對健康有益。鄂圖曼土耳其期間，人們會在星期五來取用聖佩特卡泉水，但此泉水曾於1914年不明原因乾涸，又於1918年2月28日這天

突然湧出，果真是神奇之泉呀！這兩個教堂內部都無法拍照，只能留給大家自己來看囉！

往外走時，天氣跟剛剛差異好大，放晴後的公園好漂亮，身在其中心情也不自覺得好了起來，我們決定再去看一個「塞爾維亞正教大教堂」之後才去吃晚餐。以今天這種走法來看，貝爾格勒舊城區這一帶並不是很大，景點都在散步可達的距離，路也不難找。回程路上，許多餐廳都沒開，不知道是因為星期天的關係，還是還不到吃晚餐的時間，超怕這裡也是那種8點吃晚餐的國家，那我每天都得餓到那麼晚。幸好，這裡有麥當勞，就來考察一下價錢吧！這裡一個套餐要410 din（NT.156）均一價，麵包比台灣的粗硬一些，肉也比較薄一點，吃起來的味道差不多，也沒啥台灣沒有的特別餐點。不過，它沒有麥脆雞，只有麥克雞塊。唉！好想吃整塊肉哦！這些漢堡肉完全沒讓我覺得有吃到肉的感覺耶！

· 聖佩特卡小禮拜堂（Saint's Petka Chapel）

・塞爾維亞的麵包

塞爾維亞・烏日采

不能拍照的麵包

晚上被蚊子吵,所以睡得不是很安穩,加上翻身時床會發出聲音,於是我們兩個早早就起床了。車票昨天已經買好是9:45出發的,所以我們兩個只好上上網、寫點東西,打發一些無聊的時間。

我們計劃提早出發到公車站,這樣可以買個麵包在車上吃。塞國麵包還挺便宜的,也很美味。買完我就拿出相機給麵包們拍照啦!畢竟是第一次到塞爾維亞來,又看到這麼多種奇怪的麵包,當然會想拍個照片。當我拍完之後,那個賣麵包的歐巴桑突然嚷嚷了起來,跟旁邊的人說我拍照什麼的,我其實也搞不懂她們到底在說什麼,不過就是麵包而已,是不能拍照的嗎?

昨天買票時,售票小姐有給我們兩個代幣,得用代幣才能過旋轉閘進到候車月台。上車前,司機會打開

行李箱給大家放行李，每件行李收費30 din，他會在行李上貼上貼紙，並把另外半張撕給你。領行李時司機會對照號碼，可別把那半張收據搞丟了喔！

明明路很平順、很好，也沒啥車，公車卻開得很慢，完全沒有要加速的意思。沿途景色真的很好，車子也挺舒適，晃著晃著我們決定還是去找周公聊聊好了。中途只有幾個乘客上下車，除此之外，車子都沒停下來休息，所以我們很準時抵達烏日采的巴士總站。

為了先解決落腳處的問題，第一站我們選擇走去車站附近的「i」處詢問，並看一下往Mokra Gora的火車時間。本想下午就去搭火車，但它每天固定的兩班都已經來不及了，特別早及傍晚的那兩班今明兩天也都沒有行駛，看來只能明天再去搭了。詢問處推薦的兩家民宿都不在附近，得搭計程車，所以我們決定住在這附近的旅館Hotel Zlatibor就

· Hotel Zlatibor 雖然是三星等級，但設備還不錯

·沿著烏日采古城的河邊散步，感覺很舒服宜人

好，雖然老舊，但位處市區，對我們比較方便。到旅館Check in時，服務人員照例也收走我們的護照做住宿登記，櫃台小姐說一小時過後再去拿。我想到今早離開Downtown Belgrade Hostel時，小姐也有給我們一人一張住宿登記的小單子，並要我們保管到出境為止，這應該是和之前我去俄羅斯自助旅行的狀況一樣，政府想掌握旅人的行蹤吧！

我們落腳的Hotel Zlatibor，雖然是三星旅館，但一人一晚1900 din還含早餐，真的是頗便宜。即使房間、建築物真的很老舊，不過因為旅館位置好得不得了，還是不少人入住。我們今晚的房間在12F，面河的景觀很不錯。

Check in完畢，我和旅伴出門再度去確認明天往Mokra Gora的公車是

AM7:30沒錯，但售票員說票得搭車時購買，不能預購。接著我們去隔壁的火車站轉了一下，媽阿！真恐怖，站體簡直跟廢墟沒啥兩樣，一天只有幾班車經過而已，使用率很低。

沿著河往西邊走，想一路走到烏日采的古城。今天天氣真的很好，天空好藍好藍，涼涼的風吹來，心情一整個放鬆。我們漫步其間，享受著美麗的風景及怡人的氣候，我心想難怪這裡是渡假聖地。一路上可見許多人也在散步，有整群男人的，也有整群女人的，也有全家大小一起來的，果然是個老少咸宜的好地方。

來到一處有樓梯可以往上爬，本以為可以一路登上舊城，沒想到上去後，只看見一座封閉的鐵橋及一個隧道。走過一個隧道竟然又有一個，裡面黑漆漆的著實有些恐怖。往山上走

·封閉的鐵橋

·黑漆漆的隧道

了一會兒,遇到一對下山的情侶,他們說還得走20分鐘才到得了舊城。看一下這種坡度,想想我們還是放棄好了,又不是來健行的,去河邊踩踩水就好了!

給我真正的食物

我們在旅館斜對角的商店發現有賣豬腳、烤雞等食物,烤雞雖然鹹了一點,但是如果加麵包、蔬菜應該會很不錯。實在是不太喜歡漢堡肉的我們,都覺得這種真的肉才有吃肉的感覺。最後我們買了烤雞、蕃茄、大黃瓜、麵包及大瓶水回旅館享用,感覺實在是太棒了!至於河對面的餐廳,到七、八點都沒看見有客人點餐,大家都只是喝喝飲料,我有點搞不懂這裡的人是吃幾點的啦!

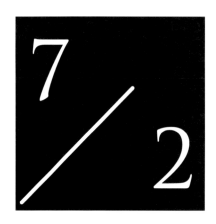

景觀列車

塞爾維亞．Mokra Gora／波赫．維舍格勒

早上5點多我就起床了，因為6點就可以吃早餐。我們預計搭7:30的公車前往Mokra Gora，往來兩地的公車一天只有六班。若錯過這班，下一班要等到10:30才有車；而Mokra Gora的景觀火車今天第一班正好是10:30出發的。

渡假勝地大概很少有人這麼早吃早餐的，旅館的餐廳空無一人，等了一會兒才有服務生過來。早餐採用單點方式，我點了起司蛋＋咖啡，旅伴育胤點了火腿蛋＋牛奶。現點現做，還好我們提早下來吃。餐廳這邊可以收到wifi訊號，早知道昨晚應該下來lobby試試的。我點的起司蛋裡面的起司味道超奇怪，吃不慣的我只好把它們都挖出來，咖啡是土耳其咖啡加牛奶，底部剩好多咖啡渣，因為牛奶的味道也很怪，喝起來不是很合我的胃口。

7:20時我們抵達公車站，看管候車月台的人一直叫我們去買票，偏偏售票口的小姐不知道說什麼鬼，只叫

· Mokra Gora 月台前的餐廳

· 火車票

· 火車月台

· 公車下車處有往火車站的指示牌·

我們上車後再跟司機買票就好，但我們走回月台處，看管候車月台的那個人還是一直叫我們去買票——這簡直跟鬼打牆差不多啊！後來他看我們根本搞不清楚，乾脆叫我們給他100 din，他直接去幫我們買，回來時還真的帶了兩張票回來。我們問他為什麼售票小姐一直叫我們上車再買車票？才知道我們得先買月台票才能進候車月台，上車再買的才是車票。因為我們還有行李，所以等等還得跟司機買行李票，一共得付三次錢才能搭車，實在是有點麻煩！後來我們看到有個人在車站出口外招手攔車，也順利上了車，我想這個人應該就省了月台票那一筆吧！

車程大約50分鐘就到了Mokra Gora了，但公車沒直接開到火車站，得自己步行約200 m左右。這條路有許多民宿，要來搭景觀車的人也可以考慮前一晚就住Mokra Gora這裡，它是個很漂亮的迷你小鎮唷！景觀火車10:30發車，我們得等兩小時左右，所以我們決定在月台前的餐廳坐下來點杯冰咖啡，悠閒地渡過這個美好寧靜的清晨。

10:30準時上火車，因為是蒸汽火車的關係，會排放臭臭的煙，但仍不減我的興奮與期待。沿途的景色真是美不勝收，每隔沒多久就會經過一個個的隧

．火車內部

道，進隧道時風的溫度會驟降，有些冰凍的感覺；可一出隧道又恢復為和煦溫暖的微風，溫差真的很大。

火車一路不停的開到Šargan Vitati（AM 11:11）才調轉回頭，沿路穿過的山洞皆位在堅硬的岩石中，可見施工時的困難程度。而且，火車的鐵軌建築在海拔不低的山上，從旁邊的深谷也可推知其工程的艱辛與所費不貲的人力、物力。

回程路上，觀光火車停靠了不少有景觀平台的站，讓大家可以下車拍照，每個停點皆經過精挑細選，個個精彩呢！13:00車子緩緩駛進Mokra Gora站，結束這趟令人回味無窮的

· Šargan Vitati

· Šargan Vitati

· ① ② ③ 觀光火車沿途風景幽麗，並停靠了許多觀景台讓遊客拍照
· ④ 維也納牛排
· ⑤ 燉牛肉，十分美味

Sargan' s eight景觀列車之旅。如果能一路搭著火車越過邊境直達波士尼亞，相信會吸引更多的旅人吧！（雖然這一段在2010年8月通車，可開達維舍格勒，但因為政治因素現在似乎沒有商業運轉。）

因為巴士班次的關係，得等到15:45左右才有往維舍格勒的車，我們只得在月台前的餐廳吃午餐及等待。雖然位於觀光景點，但Mokra Gora消費並不驚人，我們點了一份維也納牛排（其實就是炸牛排）、一份燉牛肉、一盤麵包、可樂及水，吃得很飽只用

了1270 din。而且早上時，這家餐廳好心地讓我們把行李寄在他們這裡，我們才免於扛著行李箱去搭火車。

又要過關了，老天保佑呀！

上了巴士之後，又是一段令人擔心的路程，因為我們要出塞爾維亞的關口，並要成功地進入波士尼亞，赫塞哥維納（Bosnia & Hercegovina，之後簡稱「波赫」）。車子開動沒多久，我們就離開塞爾維亞國境了

——Mokra Gora真的離邊界超近。出境時，司機跟大家收證件及我們兩人的護照，因為我們的入境章蓋在入國許可那張紙上，所以我們也給司機那份文件。沒多久，東西都發回來了，卻沒在我們的資料上蓋出境章——這不知道會不會有問題呀？我們只得提心弔膽到下次入境塞爾維亞了。

接著車子又開了好大一段三不管地區之後，抵達了波赫關口，司機似乎有跟查驗人員說我們沒有簽證，是用電腦印的入國許可，所以我們的小巴被叫去旁邊停靠著，等他們處理。只見司機來回車上及辦公室很多趟，又從車上拿了好幾次文件，卻不見他要收我們倆的護照，也沒要我們下車去檢查或問話的樣子，真令人百思不得其解。有一次他上來的時候，育胤拿護照跟他比了蓋章的動作，他也只是揮手示意我們等一下。我們實在是很怕若沒在這裡蓋到入境章，屆時該要如何出境呢？折騰了好一會，司機終於來收我們的護照，似乎是一切搞定了。果然！沒多久他送回了全車人的證件，我們也莫名其妙成功地又過了一關。

波赫第一站——維舍格勒

巴士正好停在古橋前的Višegrad Hotel，也是我們預定要投宿的旅館。這家旅館的地點不錯，房間就可以看到古橋，雙人房1晚收費83KM（€1＝1.945 kurt.），含衛浴、早餐。但缺點是樓下的餐廳到半夜12點都不停的有人唱歌，令人難以入睡。

穆罕默德・帕夏・索科洛維奇古橋

時間已經晚上6點多了，銀行早已關門，不過在旅館對面的Maxi超市裡，竟有提供換錢的窗口，如果我們沒問旅館的櫃台，恐怕還找不到呢！

穆罕默德・帕夏・索科洛維奇這座美麗的古橋有十一個眼，在2007年時被登錄為世界文化遺產，它建造於1571～1577年，橋身長約180公尺。設計者是土耳其首屈一指的大建築師席南（Kodža Mimar Sinan）。當初的捐贈者穆罕默德・帕夏・索科洛維奇出生在維舍格勒附近的小村莊，在鄂圖曼時期時擔任相當於宰相的職

務，是極有權勢及影響力的。這座橋經過了數次洪水及戰爭毀損，陸陸續續也修繕了許多次。水患最嚴重的一次發生在1896年，德里納河（Drina river）的水位高達1.6公尺，把橋整個淹沒了。2003年起，為了保護古橋，橋上禁止車輛通行，僅能供人步行通過。

維舍格勒這邊的天氣似乎比塞爾維亞熱，附近也沒啥景點可看，我們只爬上小山丘去看了一個東正教的教堂（Православна црква）跟旁邊的塞爾維亞軍人公墓（Serbian military cemetary）。沿著小山丘走上去的路

・①② Višegrad Hotel
・Višegrad Hotel 對面的Maxi超市可以換鈔喔！
・④ 世界文化遺產的穆罕默德．帕夏．索科洛維奇古橋，橋下河水悠悠，頗為靜美。
・⑤ 波赫內戰留下的彈孔痕跡

在蓮花邊叢的橋空默德，帕夏‧索科洛維奇古橋，橋下河水悠悠，顯為靜美

旁，有不少彈痕累累的房子，不論有人住或是沒人住的，想必是無力整修吧！這裡也是一個悲情的城市，1992至1995年的波赫內戰中，有大量的波士尼亞居民被塞爾維亞族的共和國軍殺害。雖然內戰已經平息，但是卻在這裡留下這麼大片的塞爾維亞軍人公墓，不知道是否對遺族留下日復一日的傷害？教堂沒有開門，不過這裡的視野很好，可以上來眺望德里納河及古橋。

‧東正教教堂

‧塞爾維亞軍人公墓

新到一個國家就得花一點時間弄清楚這裡的貨幣及跟台幣之間的換算，一下子從幣值幾百到幾千的地方，到了這個只剩零點幾到數元之間的幣值差異，真是挺難轉過來的呀！照我們的行程來看，每幾天就轉換一個國家，每個國家都有自己的貨幣，匯率皆不相同，頭腦不清楚可不行呀！

7/3

波赫・維舍格勒／塞拉耶弗

Dobruiu 修道院

往塞拉耶弗的車一天只有一班，在中午12:30～13:00之間會經過古橋北側的公路，我們得早點去那邊守株待兔，以免錯過。

早上沒啥事，決定去看一個15公里外的Dobruiu（Добруну）修道院，往返的車程加上參觀時間，計程車司機向我們開價15 KM，我想是個可以接受的價錢。

修道院外建了一個橘黃條紋小教堂很搶眼也很特別，很少見到色彩如此鮮豔的修道院。修道院建於14世紀，但在第二次世界大戰時幾乎完全毀壞，只有局部殘存，現在已完成修復的工作。旁邊山頂可見一巨大的十字架及一座石像，石像是19世紀塞爾維亞暴動時竄起的領導人，而後建立了卡拉喬治維奇王朝的卡拉喬治・彼特羅維奇（Karadjordje Petrovic）。修道院中有一座博物館，但10點以後才開放，看來無緣入內參觀了！

12:15我們就趕緊從旅館出發，深怕錯過那一天只有一班的巴士。萬一我

・① ② ③ Dobruiu（Добруну）修道
院擁有亮眼的橘黃色外觀

· 修道院全景

· 德里納河

・山坡地好難拖行李啊！

恐怖的海苔

車子上的冷氣還蠻強的，但椅子很硬不是很好睡。上車後，我拿出海苔來吃，因為聲音很大，引來前方男士的注意。他頻頻回頭看我，又指著我那一包海苔，於是我遞給他讓他自己拿了一片，也給了隔壁及前面另一個人。看外國人吃海苔的表情實在有趣，這種東西對他們來說應該很恐怖——右前方的那位男士說好吃，前方的那個男生則說味道像魚。也對啦！海苔有海味。最倒楣的是右邊那位，因為是我主動請他吃，他不好意思不拿；吃了一口雖然覺得味道怪怪的，他卻不好意思丟掉，只好猛灌水，超可憐的。這是繼鱈魚香絲之後，我發現另一種外國人害怕的台灣零食。

車子開了三個小時多後，終於抵達塞拉耶弗。這是一座很大的城市，新、舊城區無明顯區隔，我有點慶幸早上已先在網站上把旅館預訂好了。車子因為是從塞爾維亞方向來的，所以停的車站位在塞爾維亞人

們錯過了，還不知道該怎麼辦咧！正中午真的好熱，巴士站連個遮蔭的地方也沒有，我只好從行李箱拿出我的小傘來遮陽，超級引人側目的！車一直到13:05才來，原來它是從貝爾格勒往塞拉耶弗的長程車，也難怪一天只有一班，時間也不是很好掌握，只要車上的人在邊境入關時不順利，就一定會誤點的。

共和國那區的總站。下了巴士之後，得往北走500公尺左右才有往市區的31e及103號電車，但我們似乎搭到euroline的車進市區。公車票不便宜，一個人要價2KM。我們在國家圖書館前下車，果不出所料，河北邊是一路上坡的山坡地，拖行李拖得有點辛苦。

我訂的Hotel Telal不難找，由於這家旅館還算熱門，幸好我有先訂好，否則可能會沒有房間。雙人房含衛浴、附早餐，一晚35歐元。房間十分寬敞，但隔音差了一點；還有旁邊就是清真寺及墓園，得不介意的人才行。

在這裡傍晚6、7點再出門是比較合適的時間，因為天氣比較不熱。在電車來回的兩個單行道之間的區域，就是塞拉耶弗最熱鬧的舊城區了。這裡有超級多的觀光客，也有很多的餐館，周遭的氛圍很「中東」。紀念品店賣的東西也很多與中東國家雷同，Ex：地毯、惡魔眼、銅製盤壺……等，沒有看到只有波赫才有的獨特紀念品。

我們選了一家強強滾超多人的店坐下來吃晚餐，這邊喝水和喝啤酒價錢竟然一樣都是2KM，我當然選擇喝啤酒囉！我們還點了一個披薩（6KM）及一份烤雞加馬鈴薯（8KM），吃得超級飽的，而且十分美味！讓我們兩個明天還想再來。

旅館櫃台的先生說明天可以載我們去參觀隧道博物館（Tunnel Museum），只要收15歐元。我盤算了一下，比跟團還便宜，那乾脆就請他載吧！他的英文也很不錯，順便可以請教他一些問題。

· ① ② Hotel Telal
· ③ 舊城區的市集
· ④ 銅器一條街
· ⑤ 披薩和烤雞晚餐

7/4

波赫・塞拉耶弗

早餐後，往山上的方向走，不很遠就會經過一個城門，進城後找到路右轉即可到達黃堡（Žuta tabija，yellow bastion）——舊要塞跡。此處俯看塞拉耶弗新舊城區，視野極佳，清晨上來沒什麼人，可享受難得的安靜自在。

隧道博物館

櫃台先生10:05左右到旅館接我們，隧道博物館距離舊城區有點遠，地點位在機場附近，開車得花20-30分鐘。這裡的人開車都很溫和，不太會超車也不常有人按喇叭，在路上車速也都慢慢的。在往隧道博物館的路上，他順便跟我們介紹市區景點。他的英文不算太好，但溝通夠用了，也不會講很快，讓人很容易理解。

參觀隧道前他先帶我們到一個帳篷中欣賞影片，是介紹1992年被圍城轟炸的紀錄片。看到砲彈、子彈打在建築物上，有些還瞬時引起火災，真的令人不忍目睹。後來為了補給物資，波赫・塞拉耶佛當局在1993年花了幾個月挖了一條800公尺長的隧

· 黃堡（Žuta tabija，yellow bastion）可俯瞰塞拉耶佛的舊城區

・欣賞當年的戰火軌跡

・公園有趣的告示牌（當真會有人在這裡洗車嗎？）

道，隧道中舖設軌道，便於用車子快速運送物資及傷患。現在因為這裡緊臨機場，基於安全考量，已封閉這條隧道，僅開放入口處25公尺左右讓民眾參觀。博物館還展示有當年砲彈、物資、軍服等物品。

回程時，司機問我們想不想順便去Vrelo Bosne公園，我猜他應該是順便載我們去，不會再多收錢，所以就跟他說好。沒先確認是否另外收費，實在是很大膽的行為，但我直覺他是可信賴的，就賭看看吧！這是個以湧泉聞名的美麗區域，週邊有不少水療館，也是塞拉耶弗重要的水源區。一進到公園裡，因為大樹林立，讓這邊的空氣聞起來特別清新，潺潺流水清可見底，果然是個休憩的好地方。在裡面走走逛逛停留約40分鐘，我們就打道回旅館了，因為本日的司機先生下午兩點還得上班呢！

· 公園很適合散步走走

國立博物館因為政府財政不佳,關門中

歷史博物館現已關門了

Latinska ćuprija 橋

雖然天氣還蠻熱的,但我們還是決定把握時間出去晃一下週邊的景點。遠一點的國立博物館及歷史博物館因為國家付不出工作人員的薪水,目前都關門中,不在考慮之內;露天市場及狙擊手之巷,還有Holiday Inn,早上已經從車上看到,也可免了。在波赫坐公車超級貴,沒啥價值的點就直接捨去。於是第一站選定是山腳下那間不知整修了多久,尚未開放的國立圖書館。這圖書館原本是奧匈帝國時期的市政廳,後來波赫成立之後才改作為圖書館。但於1922年戰亂時被破壞,除了外牆幾乎全被燒毀,當然裡

· 普林西普(princip)橋是引爆第一次世界大戰的地方

· 圖書館外觀十分搶眼

面珍貴的藏書也都付之一炬，目前仍在進行修復工程，也不知何時才會再開放。

接著沿河邊走沒多遠，在Emperor's清真寺旁可看到引爆第一次世界大戰的地點──塞拉耶弗槍響之橋，又稱為普林西普（princip）橋。1914年6月28日奧匈帝國的弗朗茨‧斐迪南皇太子夫婦在這被一個塞爾維亞族的青年加夫里若‧普林西普刺殺（Gavrilo Princip），這成了第一次世界大戰的導火線。此橋目前正在整修中，與工程圍籬擺在一塊兒，實在不覺得它是Miljacka河上最美麗的石橋！

早上我們有問司機，這裡的人都幾點吃飯？因為路上老是看到大家在喝飲料，很少看見在吃飯的，結果他說隨時都可以吃，並沒有固定的吃飯時間！所以我們就在下午3點這個奇怪的時間，隨意地走進市集裡的一家店，點了一個波赫特別的蝸牛派。有很多口味可以選，我們選了包牛肉的，不知道是不是因為肚子餓，雖然嚼起來有點太鹹，但還是覺得很好吃唷！育胤跟我都不是很喜歡甜食的人，即便知道這裡的甜點應該都不錯，但對我們來說應該都算是甜到嚇死人的程度，還是拍照紀念就好。因為之前在塞爾維亞拍麵包被歐巴桑嚇到，所以我們這次學乖了，要拍照之前還特地徵求店員的同意。

‧當地甜點

‧蝸牛派

·公教會大教堂　　·① ② 塞爾維亞正教堂

接著走去公教會大教堂（Rimokatokička katedrala），從外觀來看，這座建築物實在是太大、太壯觀！相機難以拍下全貌。教堂前的巷子坐落著露天咖啡座，坐滿了一堆彷彿成天抽煙跟喝咖啡就可以過活的人們。

旁邊不遠處就是塞爾維亞正教堂（Srpsko-pravoslavra crkva），橙黃色的外牆十分醒目，奇怪的是塞拉耶弗滿街都是觀光客，但這漂亮的教堂內卻空無一人。不過，這樣也很不錯，寧靜的氣氛才是適合教堂呀！這座教堂可以拍照，彩色花窗很新、很美，挑高的圓頂也很壯觀。

這裡的人都挺聰明的，我們去郵局買郵票，他連問都沒問我們要寄去哪裡，只問要幾張，厲害了吧！因為觀光客多半都是寄明信片，而且我們一看就是亞洲人，他看一眼就判斷出來了，何必多問呢！

波赫・莫斯塔爾

昨天在一個民營的「i」買了今天往莫斯塔爾（Mostar）的巴士票（16KM），也問好往巴士總站得搭1號電車，並確認了乘車處。早上7:00我們就從旅館出發了，下坡這段石頭路，讓這寧靜的清晨被拖行李的吵雜聲給徹底破壞，不過，即便如此我還是選擇要拖行李箱而不要背背包，背大包看起來就累。

電車站的報亭已經開始營業了，在報亭買票一張1.6KM，上車跟司機買要價1.8KM，遇到沒零錢找時，他就直接收你2KM了。

3號電車的班次比較多，但1號讓我等了快15分鐘才來，還好公車總站並不是很遠。這裡的公車總站和塞爾維亞一樣要收月台票（1KM），得買票才能進到候車月台。車子並不是從塞拉耶弗發車的，所以到開車前5分鐘，車子才會到站。行李還得另外再付行李費（2KM），我們這種行李箱司機是不會讓你直接提上車去的。

到莫斯塔爾要花費近3小時，我們抵達時已11:05；接著搭往杜布羅夫尼克（Dubrovnik）的車是12:30、

· 電車站的報亭

· 月台票

· 車站的感應票口

· 1557年席南設計的清真寺

· 古橋襯著遠山，頗為壯觀

17:00，因為車程還要4小時，如果選擇搭乘17:00那一班，到時天都黑了，而我們還得找旅館，所以我們只能選12:30那班了。買了車票，寄放行李（2KM），我們加緊腳步，因為只有一小時左右的時間要欣賞完老橋、順便吃午餐、上廁所，最後準備上車，行程很趕啊！

從公車站大約需步行10分鐘才可到老橋附近，從Koski Mehmed Pažina dčamija清真寺旁可以拍攝到老橋（Stari most）全貌，可惜此時逆光，不能在這個角度留下與老橋的合影。

這座橋是鄂圖曼帝國時期蘇萊曼一世下令建造的，工程期間為1557-1566年間，建造時間長達近10年，橫跨於內雷托瓦河（Neretva）兩岸，中間29

· ① ② 古橋
· ③ ④ ⑤ 老橋附近的紀念品店

公尺長完全沒有使用支柱,其完美的拱形設計便是
此橋特別之處。不過此橋於1993年波士尼亞戰爭那
場激烈的戰火中被摧毀,戰後在聯合國教科文組織
協助下於2001年6月開始修復工程,2004年7月完成
修復,並於2005年被登錄在世界文化遺產之列。

東歐旅行的東方人並不常見,在這裡我們第一次遇
到來自亞洲的旅行團,他們是一群退休的日本老先
生及老太太們。老橋附近全是紀念品店,它們除了
KM以外,也收歐元;另外每家店的定價都相同,

省去觀光客比價的麻煩，隨便挑一家買就好了，我喜歡這樣！

回程時我在麵包店買了披薩及牛肉捲餅帶上車，再去隔壁的小超市花光了所有的錢——因為又要離開一個國度了，留著當地貨幣也沒什麼作用，乾脆就把剩餘的錢拿去買零食吧！但回到巴士站上廁所時，我們傻眼了，之前沿途都只需收費0.5KM的上廁所費，在這裡竟然要價1KM。好窘！本以為算得剛剛好的我們，現在變成錢不夠付行李費（差0.6KM）的窘境。幸好當初育胤有留幾個銅板要當作紀念，現下只得在巴士站打開行李箱翻找那救命的銅板，實在是超狼狽的。

四小時跨越三次國界

上車後約一小時就到了波赫——克羅埃西亞的邊界，先是波赫的海關人員上來檢查護照，我們跟他說要蓋章，他才收了我們兩個人的護照下去蓋，其他的人都只是看一看就還他們了。接著換克羅埃西亞的海關上來，又看

一輪護照，這次全部都收走，等再發回來時，車就可以開走了，也順利地蓋好入境章了。

沿途的風景是很漂亮沒錯，但都是山路，搖來晃去很快我又想睡了，總覺得才快要睡著，竟然又進了波赫國境，又要查護照，這次只是看看，我們已經有蓋章了，就沒再蓋。車又繼續開，又在我快睡著的時候，又要查護照了，又再度進入克羅埃西亞了。這一段路真的很麻煩，克羅埃西亞國土被波赫從中間截斷，這一小段正是波赫唯一的海岸線呀！所以短短四小時的車程要跨越三次國界，護照也檢查了四次，實在是有些煩人！

巴士抵達杜布羅夫尼克後，巴士站正好緊鄰郵輪停泊處，有兩艘巨型郵輪停泊在港灣，吸引了眾多觀光客的目光。前來巴士攬客的民宿業者也不少，有一位先生表明他的民宿附近有公車可以直接開往古城，景色面向海灣，一人一晚只要14歐元，而且他說後天可以開車載我們來巴士站搭車。聽起來很誘人，於是我們搭他的車前往他的民宿。同棟民宿還住了不少其他外國人，看來應該沒有問題。

這位先生很聰明，沿途載我們到旅館時順便介紹了餐廳街、shopping mall、超市、公車站等的地理位置，都在走路可以抵達的範圍。我們的房間原本應該是他家的客廳，他變魔術般把沙發變成床讓我們睡，我想他是趁夏天賺點觀光財，以貼補家用吧！

放下行李後，他先發給我們一人一張名片，省得我們迷路了回不來這裡。然後再發給我們地圖，接著表明得先收兩晚的房錢，我們覺得也沒差，所以就先付了。

處理完這些瑣事，我決定休息躺一下。感覺今天也沒做啥，就在莫斯塔爾追趕跑跳碰緊張了一點，其他時間都在坐車，怎麼還會這麼累呢？所幸這兒天黑得晚，晚一點再出去晃晃也沒關係。天氣好熱，幸好住到一家有冷氣的民宿。

這兒的天氣像翻書一樣變化很快，晚上風好大，像極了要颳颱風的樣子，衣服晾在外面一定得用曬衣夾夾好，不然肯定會飛走，連游泳也難撿回來。這種吹法，相信明天衣服一定會全乾的。

7／6

克羅埃西亞．杜布羅夫尼克

古城一日遊

今天的行程預定去古城晃晃，因為杜布羅夫尼克的古城規模不大，早上睡到自然醒再出門即可。民宿老闆昨天說從民宿這就可以搭公車前往古城，可是我們到公車站時卻有一個路人說六、日沒有公車。啥？明明只有2A線沒有，6號應該會有的呀！但我們還是決定往Shopping mall的方向走，到那邊再說。走下來往Shopping mall途中，正好看到一班6號公車開上去，看來那位好心的路人提供了錯誤的資訊。不過，也因為他錯誤的資訊，我們才看到走下去的那一站有售票亭，讓我們可以先買票後再上車，一個人省下了3kn。（公車票在售票亭買12kn，上車跟司機買則要15kn，看到票亭即可先買起來，只要你確定會搭車。）公車一路可搭至派勒（Pile）城門口，入城前有一個Tourist information可以拿到城內詳細的地圖及提供旅遊相關諮詢。這裡觀光客超級多，針對觀光客的導覽服務有各種語言的團可以參加，但就是沒有中文的。另外，也可以租借語音導覽機，按號碼即可，但同樣也沒有中

文版的服務。既然這樣，照例就自己「用眼睛閱讀」囉！

派勒城門上方可以看到聖布雷瑟（Sv. Vlaha, St. Blaise）的雕像，他是杜布羅夫尼克城的守護神。進城之後首先看到寬大整齊且耀眼的古城大道，但完全無遮蔭，很曬。街道路面全是大理石舖成的，實在是很具價值，也難怪此城在1979年即被登錄為世界文化遺產。不過，之後因為1991年的克羅埃西亞獨立戰爭，此城被炸得亂七八糟，而被踢出世界文化遺產之列。幸而戰後復原狀況良好，在2004年再度重登為世界文化遺產。在派勒城門附近即有一道陡長的階梯可以上到城牆上，但是抬頭往上面看，上頭更不可能有遮蔽的地方，我想我們還是傍晚再上去比較好，省得一早就曬昏了。

天氣真的很熱且遊客多到讓人發暈，匆匆地看了聖方濟修道院的教堂：它建於14到15世紀之間，據資料上說原本是建於城外，後來才在14世紀遷入城中的，但目前看到的建築物是1667年大地震後重建的。修道院內有一間從1391年開始營業

· ① 公車票亭
· ② 導覽機出租

· ① 聖布雷瑟（Sv. Vlaha, St. Blaise）
雕像守著城門入口
· ② 古城大道
· ③ 派勒城門附近有階梯可以上城牆

的藥局，在歐洲是第三古老的藥局，另外還有藥學博物館，不過我們就沒進去了。

沿著古城大道走，兩旁都是很高級商店，直行到底就是Luža廣場。我們躲在史邦札宮殿（palače Sponza）的走廊下休息，看到整座廣場的遊客及聖布雷瑟教堂門口的旅行團們，實在是感覺好擁擠、好混亂，有種我幹嘛來這裡跟大家人擠人的感覺。廣場旁高聳的鐘塔高度有31公尺，建於1444年，也同樣在1667年的地震中損毀，現在看到的是1929年重建的塔。鐘塔下方的牆上，還嵌了一個小歐諾弗利歐水池，雖然沒有水但看起來還真是小巧可愛，雕像是由Pietro di Marino設計的。

· ④ Luža廣場
· ⑤ ⑧ 在史邦札宮殿（palače Sponza）
· ⑥ ⑦ 聖布雷瑟教堂

水池旁邊，可以看到一個鼻子被摸到發亮的Marin Držić的坐像，他是誰呢？查了資料才知道他被認為是克羅埃西亞最優秀的文藝復興時期劇作家和散文家。

總督府（Knežev dvor）是之前此地最高權力者——總督的居所，現被用來做為文化歷史博物館。建於15世紀，但是後來不是因為地震毀損，而是附近放的火藥爆炸而受到破壞。本來哥德式的宅邸，卻用文藝復興的方式修補，才變成現今看到混和兩種風格的樣貌，因而被評為此地區最具魅力的獨特建築。

旁邊的小空地有個給觀光客逛的市集，市集裡有好多賣薰衣草相關商品的小販，還有賣各式水果乾、香檳、橄欖油的攤位。在這裡我們也發現一台有趣的機器——明信片印製機，只要把相機的記憶卡插入，選擇想要的照片後，它可以幫你把你的照片跟杜布羅夫尼克城合成，再印成獨一無二的明信片，一張要價15kn。

· ① 小歐諾弗利歐水池
· ② Marin Držić 的坐像
· ③ 總督府

接著爬上一段長長階梯去看了一個很棒的聖依納爵教堂與修道院（Sv. Ignacija），它建於1658-1725年之間，屬巴洛克式風格，被譽為是杜布羅夫尼克城裡最美的建築。裡面有漂亮華麗的大理石祭壇及美麗的壁畫，最特別的是有一個在石洞中的聖母像，這是在其他教堂不曾見過的獨特設計，十分值得前往一看。

古城內的消費十分驚人，餐廳點個可樂都20kn（NT.110元）起跳，我們只點了一份烤小卷、一碗湯及一瓶250ml的可樂就用掉120kn（NT. 660），果真是宰觀光客的地方呀！午餐後，太陽還是很大，這時如果上城牆去走，應該會熱到昏倒吧！於是我們就在古城裡鑽小巷子，巷子裡有房子陰影的地方就不熱，而且遊客少，愜意多了。接著又去看了大教堂（Katedrala Riznica），是17世紀時以巴洛克式風格重新改建的，裡面不可照相唷！

· ④⑤⑥市集賣著好多薰衣草相關產品、當地水果　· ⑦⑧⑨聖依納爵教堂與修道院

往港邊走，想想這種天氣如果去搭玻璃底船或是去洛克盧姆島（Lokrum）應該都很曬吧！乾脆坐在海洋博物館牆下陰影處看著來來去去的船及人，感覺也是很棒。這裡的海水很乾淨，都可見底，還可以看到成群的小魚游來游去。但好多的鴿子令人心生憂慮，深怕禽流感會找上門，不過這裡似乎沒人在擔心這個問題。海邊超多人在跳水，跳下去就上來，也不見他們在海裡游多久，後來我決定去坐在碼頭邊把腳伸進去踢踢水，才知道這海水超冷的啦，也難怪他們下去一下就上來了。

休息夠了，我們去看了一個要收費的多明尼加修道院（Dominikanski samostan），它是一棟挺壯觀的建築，建造於15世紀，融合了多種建築風格，包括科林斯式柱、拱形結構及迴廊。教堂本身的彩繪窗也很漂亮，前方的十字架也相當值得一看。另外，這座修道院兼具了美術館的功用，展示不少宗教方面的畫作。也有一個房間展示了一些飾品配件，各個金光閃閃、精雕細琢都是好貨呢！

· ① 海邊有不少戲水的比基尼女郎
· ② 港灣裡停了許多載客小船

・大教堂

・多明尼加修道院

①

②

巴爾幹半島、自助21日遊

· ① ② 城牆上的風景
· ③ 郵筒很亮眼

③

下午天氣開始變了，有時候雲遮住太陽時會讓人覺得舒服一些，但雲一飄走，耀眼的太陽又曬得人皮膚超痛。我們從修道院旁登上城牆，城牆的門票要90kn，超貴的，想想說不定買杜布羅夫尼克一日券會比較划算。因為一日券130kn可以上城牆、巴士隨你搭、另外還含五個博物館門票，這樣中午太熱時可以回旅館睡個午覺，傍晚再繼續出來逛，應當是很不錯的選擇。

城牆上面的風景真的不錯，但有些路段實在是太可怕了，兩旁的矮牆僅有60、70公分高，超怕一個不小心跌下去。走到派勒城門我就不行了，實在也沒必要走完一整圈，這半圈就夠了，古城之旅就這樣吧！

我們的水都喝完了，就學大家在歐諾弗利歐（Onofrio）水池裝水來喝，這水冰冰涼涼的沒有怪味，應該是沒問題的啦！我在這裡把明信片寄出去，就準備搭巴士回去囉！為了買郵票，我們找了好久，後來是在派勒城門外的報亭買到的。一張郵票要4.6kn，約合台幣26元，還好只寄一張給自己，這裡的消費真高呀！

克羅埃西亞的觀光發展得很不錯，觀光客逐年增加中，也難怪消費會節節升高，快跟西歐一樣貴囉！幸好我們只停留兩晚，否則預算一定會爆表的。晚餐點了一個海鮮燉飯，海鮮是給很多啦，但飯沒煮熟。在這種不是以飯為主食的國家，以後還是別點飯比較好，畢竟不是他們拿手、熟悉的東西。

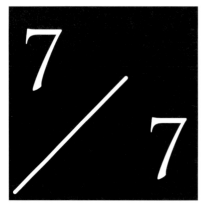

7/7

無痛入境蒙特內哥羅

蒙特內哥羅‧布達瓦

一早9:00我們就往巴士總站移動，出發前老闆先來收垃圾，換床單，這樣一來載我們去總站之後，他可以順便攬客回來，真是聰明呀！清晨又有兩艘大型郵輪開進港，我們到公車站時簡直是人山人海，所有下船的人都要換錢、買車票進古城。我先去問往布達瓦（Budva）的公車票多少錢、行李要多少錢，算好之後再去換錢，因為已經要離開克羅埃西亞了，錢換剛好夠用就好。這段車錢很貴，只有三個小時多一點的車程，竟要價高達160.3kn（台幣六百多耶！），行李費一件就要10kn。因為車子是往南開，如果想要有無敵海景可以看，上車之後一定要選擇坐在車子的右側靠窗的位置。選對位置，才可以從公路上方俯瞰到完整的杜布羅夫尼克古城唷！

大約一小時左右就到蒙特內哥羅與克羅埃西亞交界的邊境了，出克羅埃西亞沒啥問題，就一個海關警察上來一個一個對完護照之後，整疊拿去蓋了出境章。蓋了之後，巴士服務員整疊放在前面，往前開了一大段

·克羅埃西亞之人山人海的巴士總站

·從巴士觀賞的無敵海景

不知道該算哪一國的區域才到蒙特內哥羅的海關。這次竟然沒有警察上來看，等了十幾分鐘，很怕我們會被叫下車問話或是刁難什麼的，結果啥也沒發生，整疊護照又回來了。巴士的行李箱也是開一下意思意思，一件行李也沒檢查。司機竟然沒等護照都發完，車就往前開了，也不想想萬一漏了一本可怎麼辦，再轉回去拿嗎？事實證明我多慮了，每個人都有拿到自己的證件。真是太幸運了，無痛入境，也沒讓全車等，果然手續都有辦好的話，蒙國現在的行政系統是可以信賴的。

布達瓦古城

昨天才突然發現我之前預定布達瓦旅館的入住日期弄錯了，早了一天，我緊急發e-mail給旅館問是否可改日期？還好旅館人員願意讓我們改，不然就得多支付一晚的住宿費用了。在布達瓦巴士總站下車後，有一個

·OLGA Guesthouse

· 海灘充滿了度假的慵懶氣息

· ① ② ③ 舊城的窄巷很適合拍照

Information的櫃台,櫃檯人員看了我們的旅館地址後告訴我們走五分鐘可到,看來我選了一個還不錯的地點。這家稱為Guesthouse的旅館,設備還不錯,房間有衛浴、有空調、有電視、冰箱,還有一個好大的陽台,雖然沒有view,但還算舒適。

放下行李後,我們決定先去解決午餐。這裡的物價比杜布羅夫尼克好多了,一份主餐€3.5起跳,是個較親切的價錢。我們點了雞腿一份,有兩隻去骨雞腿加上馬鈴薯,再點碗魚湯及一瓶啤酒,總共€7。超市賣的水價錢也較為便宜,一瓶1.5公升的礦泉水只要€0.66。還好在克羅埃西亞沒停太久,這裡的物價平易近人多了。

·聖約翰教堂

·聖三位一體教堂

布達瓦的城鎮規模也較克羅埃西亞小，從巴士總站這附近走路就可以走到舊城區，所以沒有公車可以搭。旅館櫃台的小弟英文不太溜，但他很會表演，紅綠燈竟然演了車子跟bing-bing-bing給我們看。是在玩玩比手劃腳嗎？幸好我們是兩位聰明的妞，一下就猜出來他的意思。所以旅行呀！英文不靈光也不完全是問題。

沿著海邊散步慢慢走，海灘上全是在曬太陽的人，往舊城的路上也都是餐廳附設的躺椅。沿著岸邊有兩條路，一條全是餐廳，另一條則全是紀念品攤位，這邊晚上超像在台灣逛夜市的情景，真是越夜越美麗的渡假城市。

舊城的規模也小小的，巷子窄窄的，幾乎全是紀念品店跟賣吃的小店或餐廳。我們在裡面鑽來鑽去，有些巷子拍照挺別緻的。參觀了聖約翰教堂（Sv. Ivana，St. John's）及聖三位一體教堂（crkva sv. Trojce）裡面都免費參觀，但皆不可拍照。這裡教堂內的風格很不一樣，壁畫的人瞧起來怪怪的，感覺不像天主教堂那般華麗、漂亮。

上城牆要收費€2，門票是張明信片——這是個有趣且聰明的做法，讓旅行者可以寄回家去當紀念。因為昨天已經走夠杜布羅夫尼克的城牆了，我今天一點想上去的慾望都沒有，所以

· 夜市

· 做成明信片的門票

讓育胤自己上去參觀，我在城牆邊休息就好。

回程路上我們去熱鬧滾滾的夜市，找旅行社的攤位並包了一個去杜彌托爾（Durmitor）國家公園的峽谷行程，從早上6:20集合到晚上9:00結束的一日遊，一個人要價€35。我們付錢後要求旅行社小姐帶我們走去看集合地點，明早要是走錯地方，可不好笑呀！突然，天空開始飄起雨來，這幾天住海邊城市，從傍晚就會開始起風，且風大到像颱颱風一樣，今天終於遇到下雨了。而且雨越下越大，看來一時半刻停不了了。在超市買了一些明天車上的零食，不然旅行團下午4:00才吃午餐，我們一定會餓死的。

一日旅行團

蒙特內哥羅

旅行團不知道為什麼要6:20就集合出發，這時間未免也太早了吧！但大家都挺準時的，6:25車就開了。今天的團搭的是大遊覽車，沿途還停靠了幾個地方接旅客上車。布達瓦是第一站，上車之後會先往南開到斯庫台湖（Skadarsko lake），所以一定要坐在靠門這側的位置才能享受無敵美的海景。

到了斯庫台湖，車子就停在路邊一個制高點讓大家眺望美景。太陽很大，照在湖面只見一片亮的反光，無法看出湖的美景，拍個照約10分鐘大家就上車了。因為車上不是俄羅斯人、就是白俄羅斯，再不然就是烏克蘭人，這些全是通俄語系的人種，所以導遊先生先問有沒有人要聽英文解說的，不然他就只講俄文了。當時車上根本沒人回答，我心想就算他講英文我應該也聽不懂，所以也就隨他了！這個俄文團的成員都安安靜靜的，整車幾乎只有導遊先生講解的聲音，一直聽他如訓話般的介紹及搖搖晃晃的山路，沒多久睡蟲就來襲了。

· 一日遊的大遊覽車

· 斯庫台湖

· Morača 修道院

Morača 修道院

到了這個景點，因為聽不懂集合的時間，我們只好去問導遊先生在這要停多久，他這時才發現兩個台灣妞聽不懂俄文。他大吃一驚，連忙解釋說他剛剛有問有沒有人要聽英文解說的呀！我趕緊跟他說我知道，不過我聽不懂英文啦，只要跟我講停多久就可以的，免得他太自責。整車人都講俄文，實在不必要為了我們兩個台灣妞特別再講一次英文，出來自助旅行，本來就可以自己查找資料、自己

導覽。也許查資料很花時間，但如果真的想知道歷史典故，我們自然會去查；若無興趣的，聽過也就忘了，大家開心就好。

這個修道院坐落於Morača河峽谷中，建於1252年，屬於塞爾維亞東正教，也是全蒙特內哥羅最大的東正教中世紀古蹟。修道院的院子種了好多各色的繡球花，十分漂亮。停留半小時，差不多看一下、拍個照就得走了，今天如果一路都這麼來匆匆去匆匆，想必路程是很遠的。

行程的重點是峽谷及國家公園，車子

· 峽谷景觀

· ① ② Biogradska Gora 國家公園美景

沿著峽谷前進,越開越高——這峽谷真是令人腿軟地深,它是全歐洲最深的峽谷,最深處達1300公尺。而且是蒙特內哥羅內最長的峽谷,全長近82公里,號稱僅次於美國大峽谷呢!路上一路彎彎曲曲的,坐起來不是很舒服,沒事還是趕快睡著比較好。

Biogradska Gora 國家公園

國家公園的門票3歐元,預計停留半小時,車子停在湖邊讓遊客下車,也就是說沿著湖邊走沒多遠就必須折返了。這車的旅客都還蠻準時的,所以時間都在導遊先生的掌握之中。一直坐車真的好累,每個停留點都像是給大家下車伸伸腿而已,都沒停很久。

Đurđevića Tara 橋

這橋橫跨塔拉(Tara)河,是一座很漂亮的橋,在這麼高的塔拉峽谷上,更顯得建造它的不易。車子停在橋的

一頭讓我們下車，司機再繼續開往橋的另一頭等我們，讓我們自己走過橋去。從橋上往下看，真的挺恐怖的，也不知道為什麼要把橋蓋在這麼高的地方去連接兩岸，難道建造時不能找個離河近一點、低一點的地方嗎？

橋旁座落著許多紀念品店，同車的人還蠻愛買東西的，很多人買了自釀果汁、酒及自製果醬等，消費力頗驚人。稍早遊覽車停在一戶賣這些東西的民宅讓大家試吃、試喝，由於我和旅伴還有十天左右的跨國行程，這些重得要命的東西只能看看就好，腦袋壞掉才會買。但同團的這些人，幾乎人人都買，有些人一上車就吃起果醬來了，真是驚人呀！

杜彌托爾國家公園

導遊先生說午餐要先點餐，不然餐廳會來不及煮。所以在車上他還挺忙的，要做的事頗多：除了講解，還要收錢（國家公園門票要自費）、點餐。我選了魚，魚是從這區湖裡撈的唷！（奇怪，國家公園

的魚可以撈來吃的嗎？）車子經過國家公園入口前的鎮上時，導遊先生先下去處理全車的午餐，接著才送我們去杜彌托爾國家公園。車子只能停在國家公園外面，幸好導遊說走10分鐘就會到湖邊，這裡停留一個小時。裡面樹很多，空氣很好，不過還挺冷的。幸好我帶了薄的羽絨外套，才不至於冷到皮皮挫。走到湖邊又是逆光！唉！今天每個景點都幾乎是逆光，想與美景合影得等機會！如果旅行團的行程整個往反方向走，不知道會不會一切都對了呢？

好晚的午餐

今天走的路好少，幾乎都在坐車sightseeing。蒙特內哥羅是個多山的國家，有山、峽谷、峽灣可以看，真的是一個幸運的國家。旅行社也有多種一日遊的行程可以參加，算是一個容易來旅行的地方。

下午四點車子終於抵達餐廳，由於一路上沒什麼消耗體力，我們肚子

其實也沒有很餓。點的魚一份有兩條，我和旅伴正好一人一條。第一次用刀叉吃魚，真的很不好用，除了吃得很狼狽外，還覺得自己超蠢的。同車的外國人很快都吃完，而且全都站到外面去了，只有我們吃最久。此時外面開始下雨了，好冷，外國妞還是比較厲害，細肩帶、薄紗、短洋裝，人家才像是夏天的穿著呀！

· Đurđevića Tara 橋

行程大致到此完全結束了，剩下就是開車回布達瓦了，不過這路超遠，中間有停一次休息站給大家上廁所、吃零食，整車的人不是去喝咖啡、吃冰淇淋，就是買餅乾、洋芋片。他們真的吃超多零食的，只要一下車就吃，也難怪正餐啥時吃都行，根本就被零食餵飽了嘛！

· 橋旁店家自釀的東西

回到布達瓦已是晚上9點20分了，天都黑了，一直坐車也是很累。在巷口雜貨店隨便買了隻烤雞及一個大麵包回旅館吃，簡單盥洗後還是早點睡比較好，明天還要趕一大早起床去科托爾爬山，太晚去會很曬。

· 杜彌托爾國家公園

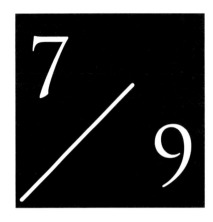

蒙特內哥羅‧科托爾

昨天參團的旅行社有辦阿爾巴尼亞一日遊的團，也是一人€35。因為從布達瓦到阿爾巴尼亞的地拉那（Tiranë）得轉好幾次車，想偷懶的我們決定參團，然後就脫隊留在地拉那，省去轉車的麻煩又可順便多玩士科德（Shkodër）及都拉斯（Durrës）兩個地方。一早去公車站時我們順便去問狀況，旅行社小姐說她記得去年也有人這樣，應該是可以，但是我們也必須付全額。買票之後，她說公司那邊會跟邊界確認，應該沒問題，要我們晚一點再過來問，確保一切都OK。

從布達瓦往科托爾的車很多，幾乎半小時就有一班，票價是€3，這裡不用買月台票，但有買車票的人才可以進到候車月台，有站務人員在管控。站務人員很好，超怕兩個外國妞坐錯車，車才剛進站就指給我們看。順利地搭上巴士，車程約需40分鐘，科托爾下車的巴士總站距舊城區只需步行約5分鐘，突然想到我們在蒙國還沒搭到市公車呢！

這舊城區小小的，應該一下子就可以逛遍，所以決定先上山去吧！下來後

·舊城區

再來好好地逛。沿城牆上山的入口位在舊城的東北角，一看到這陡峭的山勢，真的頗令人卻步，但又想到有無敵峽灣美景，說什麼也得走上一遭。指著半山腰的教堂問售票員是走到那兒嗎？他說：那邊是一半。我的老天爺呀！票價€3，門票也是做成明信片的樣式，等等可以在城中找郵局把它寄回家當紀念。

我們從9點鐘響就開始我們的登頂行，大約20分鐘就走到半山腰這間建於15世紀的救世聖女教堂（Gospe od Zdravlja），略微休息一下，我心想剩一半了，再加油。結果，真是見鬼了，教堂根本不是一半，又走了20分鐘，到了一道城門，門上寫著聖約翰要塞，我相信這裡才是一半。

爬到山頂真的很累，沿途休息了很多遍，邊喘氣、邊喝水及拍照，總共花了70分鐘才抵達山頂的城堡。好吧！真的得承認，景觀真的超美的，沿途上來雖然都是登高望遠，但每上升一些，看到的角度及感覺都不一樣。其中我最喜歡的，並不是最高點的那個角度，而是最高點前一個平台往下看，既可拍到長長的城牆，又有古城及峽灣的絕佳角度。

・① 古城映著峽灣，成為絕景
・②③ 救世聖女教堂
・④ 倒數第二個平台，可以抓到古城和峽灣的絕佳角度
・⑤ 往城牆的入口

今天天空沒有很藍，雲及水氣有些多，拍的照片有一點濛濛的迷霧感，沒有很清晰。天氣越來越熱，我們趕快下山去。回到入口處近11點，這一趟來回足足得二小時才夠呀！查資料才知道，這城牆長度達4.5公里，最高的高度有20公尺，因為位於城背後險峻的山上，所以很難被攻打而可保持其繁榮興盛。不過，再堅固的城也抵擋不了大自然的力量，這裡曾在1667及1979年兩次大地震的摧殘之下，破壞地相當嚴重，許多建築都是重建或修復過的。

下山之後超級累的我們，買了飲料坐在聖瑪利教堂（crkva sv. Marije）旁的椅子休息，真是把昨天沒走的路一次給補齊了，這一趟旅行的城牆就到此為止吧！不要再叫我去爬牆了啦！

科托爾的舊城區是三角形的，真的一下子就可以走完了。我們還看了聖尼古拉教堂、聖路克教堂（Serbian Orthodox St. Lucas church），這裡的教堂分東正教及天主教兩種，看多了還是會區分出來的。東正教教堂裡面都會有一面像牌樓狀的聖像牆（稱為聖幛），有點像木板隔間牆一樣，上方有一個大十字架，通常都很華麗。舊城最大的教堂是聖特肋弗教堂（Katedrala sv. Tripuna），這間是屬於天主教的，門票€2，但是因為我穿短褲不能進去，所以就沒進去看了。

看了這麼多教堂，規定都各不相同，有的可以照相，有的則不行；有的大家都可進去，有的就規定無袖及短褲不可以。所以喜歡參觀教堂的人，穿著可得端莊合宜才行呀！

① ② ③

· ① ② ③ 聖尼古拉教堂

④

⑤

· ④ ⑤ 聖路克教堂

· 聖特勒弗教堂

舊城中只有一家郵局可買郵票，所以非得找到郵局才行。從蒙特內哥羅寄明信片到台灣1張1歐元，把早上的門票順手寫寫就從這寄回去當紀念囉！希望別寄丟了才好。

回布達瓦吃中餐吧，科托爾舊城裡應該會比較貴。據書上說蒙國的紅酒很有名，我買了小瓶的Vranac紅酒回去當紀念品吧，這東西其實不貴，就是難帶了一點！午餐我們選了一家花園啤酒屋，大概是沒吃早餐，我們兩個都超餓的，於是決定點兩份主餐加啤酒及冰淇淋。點了一份Roast Lamb及Roast chicken leg，結果送來的並不是我們想像中的烤羊肉，根本就像是燉羊肉呀！為什麼燉羊肉會用Roast

· 塞爾維亞烤羊肉

· 冰淇淋

· Vranac 紅酒

這個字呢？和蒙古吃BBQ羊竟是水煮的一樣令人費解。也不是不好吃啦，只是和我們想的不同，沒加什麼奇怪的調味料，就很純粹的羊肉，其實吃起來很不錯。後來查了書才知道，這道應該就是赫赫有名的塞爾維亞烤羊肉。

當然，我們還是太高估我們自己了，兩大盤的肉加上一堆馬鈴薯及薯泥怎麼可能吃得完，再餓也塞不下的，最後只能把肉吃完而已。

下午3～4點是這沿海地區最熱的時段，我們通常是回旅館吹冷氣、睡午覺。當然如果有力氣洗衣服是最好的，因為晚上睡覺前就會乾了。傍晚6點多再出門去，明天就要離開沿海地區了，今天一定得去海邊玩玩水，就算不游泳也得去洗洗腳，亞得里亞海耶，下次不知何時才會再來呢！這裡的海水也好乾淨，清澈透明，泡在水裡的確是一大享受。坐在沙灘吹吹風、看人游泳也挺愜意。今年這趟旅程，一直在轉換城市、轉換國家，偶爾放空的時光彌足珍貴呀！

回程走去巴士總站確認明天的行程，旅行社的小姐說一切沒問題。這樣真不錯，明天就按照原訂計畫要前進此行的第五國——阿爾巴尼亞了。

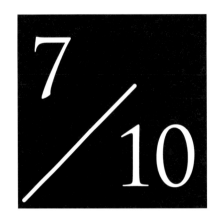

7/10

好厲害的導遊先生

阿爾巴尼亞‧地拉那

早上5點就起床收行李、刷牙洗臉準備出發,因為今天的團也是6點20分集合出發的,真搞不懂為什麼渡假地區的一日遊都要這麼早出門,是要讓大家覺得物超所值嗎?

今天我們比較早到,所以有坐到前面一點的位置,萬一又要開山路,才不至於會暈車。巧合的是,今天搭的巴士竟和前天是同一台,司機是同一個,但是導遊先生是不同的。顯然已經有人通知導遊我們兩個不回蒙特內哥羅的事,待我們一上車坐好,他就來跟我們要護照去填資料了。

開車之後他開始說明,一開始用俄文,然後用英文,最後是塞爾維亞語,並說今天整路都會分別用這三種語言介紹,看來今天得認真的聽了。最初實在是不太習慣他那濃厚的口音(太多四聲的腔調超像在罵人),總是搞不懂現在是切換到英文頻道了沒,但一小時過去後,慢慢就習慣了。

今天的行程不複雜,沿海邊開一段後

轉走山路，由斯庫台湖北邊的邊界進入阿爾巴尼亞，停留士科德及都拉斯後就到地拉那午餐。餐後自由活動到四點就打道回府。我們就和大家一起吃完午餐後，就脫隊去旅館check in。昨天晚上，我已經用Booking.com的網站訂了一家離市中心景點很近的旅館，因為我猜旅行團應該會在景點附近放人，這樣走去旅館就不至於會太遠、太麻煩。這一次出國有好幾家旅館都是在Booking.com上面訂的，巴爾幹半島這幾個國家網路還蠻發達的，無論是餐廳、旅館還是民宿都有無線網路給你使用，走到哪再訂下一站的旅館倒也輕鬆方便。

無感入境阿爾巴尼亞

車子約開了二個小時到了蒙阿邊境，導遊跟大家收護照後便拿下車去交給關口人員。也沒人上車來看，大家也不用下車，接著車子就往前開去一個咖啡廳，放大家去上廁所、喝咖啡。此時我們已在阿爾巴尼亞境內了，但仍可用歐元付帳，他也找你歐元。當我喝完咖啡，導遊就來發護照

了，裡面既沒有蒙國的出境章也沒有阿國的入境章。「這樣可以嗎？」這真的讓我很困惑，深怕到時候離開阿爾巴尼亞時會有問題。問了導遊，他說「這就是阿爾巴尼亞！」語氣似乎有種這裡就是這樣亂七八糟的意謂，問他離境時怎麼辦，他也說不會有問題。至於我怎麼想呢？「這就是巴爾幹！走一步算一步，一定都會有解決的辦法的。」

行程真正停的第一站是士科德，下車前導遊不斷恐嚇大家要集體行動，說阿國人是閉著眼睛在開車的，還有這裡什麼事都有可能發生……，總之就是要大家乖乖聽話就對了。

首先我們去看了一個全阿爾巴尼亞最大的清真寺（Ebu Bekr Mosque），然後又去參觀了一個東正教堂（Orthodox Cathedral），然後就走去觀光客喝咖啡的露天咖啡座大街。不知為何，前面的人魚貫走入一家店，是有啥特別的？我也跟著探頭進去，只瞄了一眼我就退出來，回頭跟育胤說：「是賣銀飾的店。」怎麼會有血拚行程咧？但似乎不少人有興趣在此採買，其他人也只好等了。等

· 清真寺

· 東正教堂

的時間恰好可以去和導遊聊天，原來他不只會三種語言，他可以說七國語言耶，超厲害的。問他才知道這裡有很多俄羅斯及周邊國家的人來蒙國旅行，因為免簽、距離近加上語言通，的確會吸引這些人來，而且這個區域相對於他們來說算是便宜的地區，自然出手闊綽囉！他也問我們留在地拉那之後要去哪裡之類的，就亂聊一通。

上車前再去和路旁的德蕾莎修女的雕像拍照，在這個70%信仰伊斯蘭教的國家，卻出一個舉世聞名的修女，這組合真的很奇妙，也佩服阿爾巴尼亞人的包容性，連首都地拉那的國際機場都以她為名。

都拉斯

車子又開了二小時到達都拉斯，這裡是一個港口都市，港邊有很多大吊臂默默地佇立在烈日之下，等著搬運物品。因為此處是義大利半島和巴爾幹半島之間最近的通道，所以地理地位相當重要。遊覽車讓我們在港口旁下車，停留一小時自由活動，導遊說可以走去看海、看圓形劇場，或是搭上電梯去15樓的景觀餐廳免費飽覽城市風光。這裡其實是一個不太有趣的地方，順路一遊還可以，若是專程前往，個人感覺有點不值得。因為還有時間，集合點旁邊就有銀行，我們去銀行等換錢。等了近25分鐘，始終輪不到我們，效率真是差到極點，到地拉那還是找匯兌處換就好。

·露天咖啡座大街

·德蕾莎修女的雕像

·都拉斯港口城市

導遊說阿爾巴尼亞語不同於其他語言，是很特別的語系，也沒人知道源自何處，所以到地拉那的餐廳，他和服務生是說英文溝通的。到餐廳前，車子有帶大家在市區景點繞一圈，以便大家吃飽後可以自行參觀。大家為了能有多點時間參觀，沒多久就全吃完閃人了，有趣的是每個要離開的人都有去跟導遊報告一下，真是一群守規矩的團員呀！

餐後我們就離開，旅館離餐廳也蠻近的，而且是棟新的建築，雙床房有電視、冰箱、衛浴、空調還包早餐，一晚只要€36，真是相當划算呀！

照例我們又是洗衣服、休息到5:00左右才出門去晃，遊客中心只開到5點，只能明天再來囉！走到火車站旁的巴士站去問往庫魯伊（Krujë）的車是不是在這邊搭，有一個先生說是，來等就可以了，班次很多。

接著找旅行社問往奧赫里德（Ohrid）湖的巴士，所有人都叫我們去「Agjencia Pollogu」這一家買。這家旅行社在二樓，樓下只有一個小看板，很容易錯過，不過似乎大家都知道，隨便問人即可。旅行社早上7:30開到晚上9:00，往馬其頓的車一天兩班，早上及晚上9:00。車子並沒有直接到奧赫里德，過邊境之後會停在史都佳（Strugë）的巴士站，我們可以在那邊轉搭往湖邊的小巴或是計程車，車程約需4.5小時。

· ④ 歷史博物館
· ⑤ 國家劇院
· ⑥ 斯坎德培廣場
· ⑦⑧⑨ 東正教堂

市區觀光 City walk

我們走去國立歷史博物館（Muzeu Historik Kombëtar）時，它已經關門了（只開到5點），只拍了門口上方巨幅的馬賽克。然後經過斯坎德培廣場（Sheshi Shënderbej）去拍民族英雄的雕像，接著去了一個很新的東正教堂（Katedralja e re Orthdokse，Orthodox Cathedral）。它是2011年才完成的，外形像核電廠的圍阻體，門上金光閃閃，裡面也金碧輝煌，有點誇張的華麗。

最後一站走去看時鐘塔及Et' hem Bey清真寺，清真寺是1794～1821年間建造的。書上說開放時間到5點，其實指的是開放給觀光客參觀的時間。我們到時，早就過五點了，於是我們只敢在門口張望。大概是看我們兩個姐人畜無害貌，門口的阿公揮手叫我們進去。進去之後，又遇到另一個阿伯叫我們脫鞋子進去裡面看。裡面真的有厲害，全是密密麻麻的濕

·①②③清真寺外觀不顯眼，但卻有很特別的濕壁畫　　　·烤牛肉

壁畫，並且不全是花草鳥的圖案，竟然有橋及河景，這是在其他清真寺所不曾見過的，也難怪旅遊書會推薦這個外表不怎樣的清真寺了。

市區遊覽得差不多了，明天決定去附近的庫魯伊走走，就要結束阿爾巴尼亞的部分了。一般自助旅行者還會去地拉那往南約三小時車程的貝拉特（Berat），這是個號稱千窗之城的小鎮。因為它是鄂圖曼式的木房子建築，跟之前在土耳其番紅花城類

似，時間有限的我們選擇刪除這個點直奔馬其頓。

晚餐在巷口的餐廳吃，點一份烤牛肉只要600lek（NT.170）只不過每次吃都是過鹹。來巴爾幹半島這麼多天了，他們的食物不是太鹹就是太甜，每次先吃的人只要說：「又是巴爾幹口味。」另一個人就心裡有數是怎麼回事了。

7/11

阿爾巴尼亞・庫魯伊

庫魯伊半日遊

今天的行程只有去庫魯伊一個而已，悠閒的吃完旅館的早餐後，慢慢的走去火車站旁的公車停靠站。到了那裡並沒有看到任何一台車是往庫魯伊的，只好問路人甲，他叫我們穿過菜市場一直走。怎麼會跟昨天問的不一樣？雖然一肚子問號，還是往他指的方向走去，走了一小段之後，再問了路人乙。路人乙也是叫我們往前一直走，既然兩個人都這麼說，那應該就不會錯了吧！穿過長長的一段傳統市場，就看到兩台巴士停在那裡，其中一台上面的牌子正是庫魯伊。

太陽很大，於是兩個怕曬太陽的妞跑去公車旁的陰影下站著，沒多久又來了一個中年婦人，也跟我們站在一起，這應該沒問題了。正當我們這麼想的時候，一個先生走過來一直跟我比1，我們也聽不懂他說什麼，他只好轉向那位婦人說。後來他們兩個一直試圖要讓我們聽懂，還在我的錶上比1點的位置，應該是車要到一點才開，婦人說搭計程車吧！

奇怪了，這是怎麼回事，我們決定先去旅行社買車票，順便問旅行社的人，至少那裡講英文是會通的。旅行社的太太說要沿Rruge Reshit Petrëla走，或是搭4站公車到圓環附近，那裡有小巴會到庫魯伊。公車也看不出在哪裡搭，所以還是走過去吧！走到Rruge Asim Vokshi 跟Rruga Mine Peza交叉路口，就可看見藍色的中型巴士，奇怪的是牌子上的庫魯伊前竟多一個F，寫的是F. Krujë。問了路邊的人「庫魯伊」他跟我們搖頭，我們只好再往前走一段，又問了三個阿婆，阿婆卻指著藍色中型巴士說就是那個。這到底是怎麼回事？是會到還是不會到？

我們只好又走回巴士處，這時一個自稱是司機的人叫我們上車，那大概是會到的吧！後來車開動後我突然想到手機有地圖可以查，原來那個F的確是有玄機的，指的是Fushë Krujë，跟我們要去的Krujë是同一條路沒錯，但還差了一大段走不到的距離，應該要再轉一次車，當地人也說不清楚，就直接叫我們上車了。到了F. Krujë大家全都下車時，售票員指了一位先生要我們跟他走，他也要去庫魯伊。但坐在我們前方抱小嬰兒的夫妻要我們跟著他們，似乎不太相信那個先生的樣子，我想抱小孩的夫妻應該正常一點，於是選擇跟著他們走。他們帶

· ①② 傳統菜市場

我們一路走到一台箱型車前問了司機後，指示我們可以坐這輛車就走了。箱型車等人坐滿了才開動，果然有把我們載到正確的庫魯伊，這一趟搞真久，也夠坎坷的啦！

此城因為斯坎德培英雄死守而聞名，目前城堡部分已改建成博物館，修復的痕跡太過明顯，與旁邊古牆基座有點不協調。不過博物館倒是值得一看，裡面有介紹附近的一些舊時都市及戰役的情形，並展示一些古時候戰爭相關的物品、手稿等。另外，三樓露台有眺望全鎮的好景觀。

天氣不是很好，看起來快下雨了，得趕快找地方躲才好！城堡往公車站的路上是整排的紀念品店及餐廳，遊客可找一家有賣郵票的店買明信片，這些紀念品店通通可以支付歐元。這一趟巴爾幹之行遊歷了不少國家，除了蒙特內哥羅沒有自己的貨幣，全國使用歐元外，其他國家都有自己的貨幣，每次換錢都有點麻煩，換多了怕用不完，換太少不夠用也麻煩。

· 往庫魯伊的藍色巴士

· 斯坎德培英雄

·城堡旁的紀念品店

·①② 城堡

·城堡門票

庫魯伊的紀念品沒有特別吸引我之處，很多和土耳其的雷同，例如惡魔眼、地毯、木雕盤……等。想想如果不買，之後幾天也不用花力氣扛；旅行還是輕鬆點好，就寄張明信片回家當紀念就好。

我和旅伴決定找家餐廳點個飲料、坐下來寫寫明信片，不出所料過沒多少就開始下起雨來了，等雨停我們便搭上共乘小巴直接回地拉那（一人200lek），省去轉車的麻煩，自然費用高一點。

烤肉腸麵包

回到旅館附近已將近下午4點，肚子真的餓了。來巴爾幹快二個星期，我們的生活作息跟這裡的人越來越一致─下午4點才吃午餐居然也可以忍耐，超厲害的！今天我們決定要試試路邊的平民小吃，麵包夾烤肉腸。拿出圖片確認是牛肉後，我們一人買一份，一條長麵包夾兩條烤肉腸

· 歷史悠久的鄂圖曼帝國時期的石橋

才60lek（約台幣20元）果真是平民小吃呀！一回到旅館迫不及待就嗑了，真是巴爾幹口味，也真的好吃呀！下次少點鹽會更好。

Tabakëve 石橋

傍晚想去散散步，往南走去看一座鄂圖曼帝國時期所建造的石橋。沒想到走到那裡整個大失所望，它是一座小到不行的橋，而且河流已經改道的緣故，橋下並沒有湍湍急流，取而代之的是雜草跟垃圾，感覺不是很好。

我們決定阿爾巴尼亞之旅就到此為止了。這個國家的交通狀況不是很好，人們也比較沒耐心，在路上很喜歡亂按喇叭。另外，人們說話聲音也蠻吵的，不但喜歡聊天講話，音量也不太控制。不過，基本上人算和善的，雖然有些人不太會講英文，但問路時一定會很熱心的指路給你。

阿爾巴尼亞是我們在巴爾幹之旅中，第一個遇到沿路乞丐偏多的國家。街上乞討的人多的有點令人害怕，有大人也有小孩。有的甚至在馬路中間穿梭要錢，當車一停下來時，還會瘋狂拍打玻璃，幸好我沒有自己開車，不然應該是嚇破膽吧！

關於交通混亂這件事應該多寫一點，路上雖然有交通號誌，但基本上是沒用的，頂多算它是裝置藝術吧！斑馬線也不知道是給誰在用的，隨時只要你想，任何地方都可以跨過馬路。所以行人闖紅燈，車子也闖紅燈，基本上是一個大家都「自由行」的國家啦！在如此混亂的環境，我們當然也有應對的辦法，那就是跟好當地人。當要過馬路時，就找個阿公或阿婆跟著，他衝我們就跟著衝過去，這樣就萬無一失了。

搭巴士更是困難，連首都地拉那都沒有統一的巴士站。去各個不同的地方要在不同的地點搭車，這對旅行者來說十分困難，唯一應該會通英文的地方——旅客資訊中心卻總是不見它開門，所以今天我們才會連搭個車都搞了老半天。

我想，阿爾巴尼亞政府要發展觀光，仍有很大的努力空間，但我也相信這是一個有潛力的國家，因為周圍國家的觀光都做起來了，這裡消費較低，很有競爭力，只要改善些資訊問題，是很有前景的。

7/12

馬其頓 · 奧赫里德

馬其頓我來了

昨天寄完明信片之後，遍尋不著郵筒的影子，只好在飯店吃早餐時請櫃台弟弟代我們去投遞——希望他會記得，可別整疊回收掉咧！這個弟弟蠻聰明的，昨天早餐，我們吃了他桌上水果盤裡的三顆奇異果。今天去才剛坐下，他立刻去拿了其他桌上的奇異果放到我們桌上，他有認真觀察客人需求唷！給他一個讚！不過，他們這裡的奇異果超硬，昨天試過了就好，今天不想吃了。

從旅館拖行李慢慢走到等巴士的地方（就是售票的旅行社樓下），大約10分鐘過後，車子很準時地來了，也很準時地出發了。當然我們認定它會準時地到達。據旅行社的人說這段路需要四個半小時，如果過邊境時有耽擱到，那就會晚一些。

出發後的一個半小時一切正常，司機讓我們在一個休息站停十五分鐘，他則是趁機洗車。阿爾巴尼亞和前幾個國家不同，搭巴士既不用月台票也不用買行李票，另外，上廁所也不用錢。於是我們放心地在這裡買了兩包

小洋芋片，花光所有阿爾巴尼亞的列克（lek）。

‧皮帶意外壞掉的車子

但休息過後，司機就有點怪怪的，車子走走停停開得很慢不說，他還一直在打電話。在一次停車之後，司機似乎跟旁邊的人說車壞了要叫修，請大家全都下車。一下車果然看到車後的引擎室被打開，應該是皮帶出問題了。但皮帶不是直接斷掉，而是斷了一個缺口被撕裂成許多細條，最後捲在裡面卡死了。這下可麻煩了，得先把捲在裡面的皮帶殘骸給弄出來，才能換上新的。當然，車上絕對不會有備用皮帶，一定得等人送條新皮帶來才有辦法換好。在等的期間及修車期間，所有男人都站在車尾抽煙看修車，女人都站在樹下無聊發呆，這畫面意外地有趣！這台巴士男人都很愛抽煙，每次司機一停車，就會全部衝下車去抽煙，跑得可快的呢！

‧愛抽菸的一車男人

在這裡耽誤了快一小時，修好車之後沒多久就到邊界了。兩天前入境阿爾巴尼亞時沒蓋到入境章，我有點擔心不知道出境會不會有問題？這個邊境正常一點，有警察上來收護照，核對照片，全部收好後拿下

去處理，也有仔細檢查司機的行李箱。沒多久護照發回來，仍舊沒被蓋出境章，就像沒來過阿爾巴尼亞一樣。這是什麼狀況呢？

接著就是要入境馬其頓了，又上來一個警察再次核對照片、收護照，這真的正常多了。不過，在這個關口卻搞了很久，我們很擔心是不是我們的護照有問題。但結果不是，而是另外兩個不知哪國的妞被叫下去，反而我們的護照順利地蓋了入境章後發回來了。過這兩國的邊境又花了快一個小時的時間，這趟車抵達史都佳時，我們坐了整整七個小時，真的只能說「物超所值」呀！

從史都佳的巴士站並沒有小巴可以直接坐到奧赫里德，但市中心有，所以建議可搭計程車去市中心（€3）、再換小巴；也可以直接就搭計程車去奧赫里德（€8）。想想今天已經拖這麼晚了，既然兩個方案差不了多少錢，乾脆就直接搭到奧赫里德吧！車上司機問我們要去哪家旅館，問完後，他打電話不知道去問些什麼，後來把電話轉給我們聽，電話裡頭的人問我們有沒有預約，沒預約的話沒房間了。

司機很熱心地說要載我們去一家民宿，說一間€30。不過我們看完之後發現也沒有其他旅客住在這裡，而且主人也不會說英文，還得和這一大家子的人共用衛浴有些不方便，就拒絕了，請司機直接載我們到舊城區的博物館，我相信民宿到處都有的。

司機載我們到舊城最高的那個入口——Gorna Porta。從入口處沿路向下到湖泊，這裡全是出租床位的民宿，絕對不怕沒地方住。因為拖行李不想走太遠，就選了60號這一家，房子雖然舊了點，但維護得不錯，有小廚房和專用衛浴，只是沒有湖景view而已，一晚€15。民宿的老奶奶不會說英語，找了一個小弟來翻譯，付了錢等老奶奶登記好護照就可以出發去逛逛這個舊城區了。

下坡一路走到聖索菲亞教堂後左轉，開始出現許多紀念品店及餐廳，而且有不少遊客。走到湖畔時更誇張了，這裡聚集太多遊客了吧！他們全都坐在湖畔喝飲料、聊天或發呆，看來這裡是個觀光重鎮呀！因為我們才剛進馬其頓，身上一枚馬其頓第納爾（den）也沒有，急著找匯兌所。有時老天爺就很愛開玩笑，越想

· 民宿外觀

· 民宿

民宿的資料
E-mail：blagovest24@yahoo.com
Facebook：Blaze Cajce
Tel：+389 46 -265-334
Mobil：+38975-644-455

找時就越沒有。於是我們兩個自己開始催眠
自己：「我們要找郵筒。」正當這麼做時，
說也好笑，一個很不起眼的匯兌所就這麼出
現了，這真是太神奇了呢！這裡的物價算是
便宜，那就找個湖景餐廳大吃一頓，順便用
餐廳的Wifi連一下網路吧。

· ① ② 湖畔的紀念品店和餐廳

· ③ ④ 湖畔

奧赫里德夏季嘉年華

當天色漸漸暗了，我們慢慢踱回民宿。我個人建議剛到一個國家，還搞不太清楚當地狀況時，天一黑就回去投宿的地點，是比較安全的做法。不過，有件事很怪，當我們走回民宿時，有越來越多人潮跟著一起湧入，而且各個穿著正式、體面，不知是有婚禮在舉行？還是舉辦什麼特別活動

呢？答案就在民宿巷口，我們看到露天古劇場（Classical amphitheatre）裡坐滿了人，而且舞台正在試燈光及音效，看來待會兒有場音樂會啦！可惜的是，劇場門口的收票員說票都賣光了（1000den），所以我們無法進場聆聽，不過那也無妨，我們可以站在外面聽免錢的就好。

海報上沒幾個看得懂的字，只知道是奧赫里德夏季嘉年華（Ohrid

· 露天古劇場巧遇音樂會

Summer Festival, www.onridsummer. com.mk），今年是從7月12日到8月20日。今天的表演晚上9點才開始，我們決定先回民宿洗澡、收拾，待會坐在陽台就聽得到呢！旅館陽台剛好有一份節目表，這段期間每天都有不同的表演，每場的地點、票價也都不相同，不過因為內容是用西里爾字母寫的馬其頓語，除非是英語直接轉換的字，不然猜不到那內容是什麼。幸運的是，今天的表演者是個俄羅斯來的男中音——Dmitry Hvarostovsky，這個資訊有看懂，因為俄羅斯及男中音是從英文翻的，就像日文裡的外來語，雖說與英文還是有段差距，但念念看是有機會猜到的。

9:00開始的音樂會拖到9:25左右才正式開始，也許今天是嘉年華的第一天，又有開幕式致辭的緣故，光

來賓講話就花掉不少時間，等到快接近10點才真正開始表演。表演者除了那個男中音之外，還有管弦樂團及合唱團，在陽台聽了一會兒之後，我們還是想走去看現場。天呀！超多人的，整個依山而建的希臘式劇場坐了滿滿的人，外圍還站了一圈沒有票的聽眾。現場聽感覺很不錯，算是此次旅程意外的驚喜。

自己出來旅行已經很多次了，計劃一次比一次簡單，這次出國幾乎只有安排好預定路線，至於每天要去哪裡、看些什麼幾乎都到當地再規劃，連旅館也都是今天訂、明天住的。這樣彈性的作法雖然充滿了不確定性，但有它的好處及樂趣。今天要不是我們剛好到這，司機剛好載我們到山上的城門，我們剛好懶得走、選最近的民宿，我們就不會遇上這場音樂盛會。你說，這樣旅行是不是也很趣呀？

馬其頓・奧赫里德

今天預計搭乘下午三點的巴士前往馬其頓的首都——史高比耶（Skopje），我們一大早就出門去城堡塞繆爾要塞（car samoil's），但是千辛萬苦爬到了那邊，竟然看到它9點才開門，我和旅伴只得坐在門口旁的露天咖啡座（也還沒開始營業）欣賞無敵湖景。

這個城堡裡面沒殘存什麼可看的建築，但城牆還有幾分「姿色」，它號稱是馬其頓保存狀態最好的要塞，可惜的是這城牆不像杜布羅夫尼克的一樣可以環城走一整圈。現存的部份分成三段，要從不同的角度欣賞市區風光或美麗湖景，都得走下來下一段再走上去。

聖克萊門教堂

看完城堡之後，下坡便可到初期基督教教堂及聖克萊門教堂（Sv. Kliment i Pantelejmon），這兩處共用一張門票100den，一樣早上9:00才開門。聖克萊門教堂因整修過，外型相當完整，不過裡面的壁畫留存的不多，從牆上明顯的分界線可以看出新舊的區

・① 奧赫里德湖　　　　　　・⑤ 聖克萊門教堂
・②③ 城堡俯瞰的無敵海景　・⑥ 城堡塞繆爾要塞（car samoil＇s）
・④ 露天咖啡座　　　　　　・⑦ 聖克萊門教堂壁畫

	①		⑥
②	④		
			⑦
③	⑤		

伊瑪目廣場

別。教堂內不可照相,除了壁畫之外,還有一些馬賽克可以看,但是都不太多就是了。

旁邊有座看起來正在興建中的教堂,其實就是所謂「初期基督教教堂」的遺址。為免持續毀壞下去,現在上面有加蓋屋頂來為它遮風蔽雨。這裡主要可以看到地上已清出來很大面積的馬賽克,教堂的規模不小。

不知為什麼,內容及地圖一直很正確的「地球步方」(台灣墨刻由日文版翻譯的旅遊書),在奧赫里德這裡出現許多問題。各景點的開放時間與我們看的有些出入。不過這問題不嚴重,比較麻煩的是地圖的內容與Lonely Planet差很多,地點名稱的標示也怪怪的,後來我們就隨意亂走,名稱以現場拍到的為準。

聖約翰教堂

看完教堂要離開時,拿著明信片上的照片詢問售票員如何去懸崖邊的聖約翰教堂,他指示我們從教堂後方往山上走。我們依他指的方向走,但沒有看起來像路的路,不過依方向是向下往湖邊走應該沒錯。當越走路越小,草越長時,心裡越來越害怕,只好安慰自己幸好是光天化日之下,又有兩人可以作伴,

· 初期基督教教堂遺址 ·

沒啥好怕的啦！走了老半天都不見教堂蹤影，直接走到湖邊，想要沿著湖邊走回市中心。走了不久遇到一個阿伯坐在湖邊石頭上曬太陽（哦！終於看到個人了！），趕快問他這條路是不是可以到教堂。結果阿伯以流利的英文跟我們說不行，要我們往上走一點，有一條路可以繞過這個岬角到聖約翰教堂那邊。唉！這次旅行每一天不是坐太多車，就是走太多路，怎麼就無法均衡一點呢？看個教堂搞得像在健行一樣！

如同阿伯所指示的，我們爬了一小段山坡就發現那條由前人所走過的小徑。順著一路走，剛好沿湖繞過一個岬角，教堂就出現了！那裡的遊客一定很納悶，這兩個妞怎麼會從山上蹦出來！

這個教堂超迷你的，但它佇立在湖旁崖邊，拍起照來特別好看。據書上說裡面壁畫保存狀況不佳，那就別進去了，外頭拍拍照就快閃吧！時間許可的話，這裡有船Taxi可以搭，它會帶你從湖上拍這間教堂，再載你去市中心。

聖索菲亞教堂

今晚的嘉年華活動在索菲亞教堂前庭，可以看見工作人員在教堂旁來來去去地搬東西及討論，這個場地明顯比昨晚劇

· ①② 聖約翰教堂
· ③④ 聖索菲亞教堂

· ① 聖索菲亞教堂
· ② 簡單的速食餐雞柳條、薯條

場小很多，也難怪票價較便宜（300den）。教堂內需買票進入，到門口時，正好裡面有在唱歌，因為我們只剩1000元大鈔及1百多的零錢，翻了半天湊不到200元來買票，最後售票員收了150元就揮手示意我們快進去，正好趕上聽最後一小段。

教堂的中間放了兩台鋼琴，唱歌結束之後，有兩個人開始練彈鋼琴，不時還停下來討論、修正，應該是為了明天晚上的演出吧（鋼琴二重奏：女〔馬其頓〕Ljupka Hadzigeorgieva；男〔俄羅斯〕Evgeni Koroliov）！看著這兩個人在討論及練習的那種認真的態度，為追求完美演出的敬業精神，實在令人敬佩。教堂的設計讓鋼琴音質呈現很棒的狀態，想必演出會很精彩。

從奧赫里德坐車到史高比耶要3個小時，一定得先吃飯才行。不過根據昨天的經驗，餐廳出菜速度通常都很慢，慢到我懷疑他們大概是從殺雞或釣魚這個步驟開

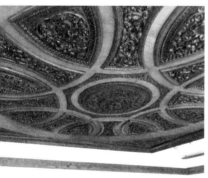

始做起,因為等等還要去看博物館,我想我們還是吃速食店比較快。

吃午餐前我們做了另一件笨事,就是去吃了冰淇淋,這裡的冰淇淋不會太甜,價格又便宜,吃一球約台幣14元,當然趁離開湖區前再去吃一球呀!但是吃完冰淇淋,肚子還能有多少空間裝午餐呢?到速食店可以點炸雞或披薩、千層麵等,不是太複雜的食物。我選了Chicken finger——當然這絕對不是炸雞爪,在台灣多半會說是雞柳條,因為這應該很容易熟,我猜速度會比點炸雞腿快吧!結果,速食店的確比餐廳快一點點,它沒有從殺雞開始而是從「解凍」開始。在巴爾幹這區旅行所到的餐廳,每次一坐下就會來問你喝什麼,點了飲料之後你再慢慢看菜單。一開始不知道狀況時總覺得侍者是笨蛋,哪有剛坐下就過來問點什麼的。當然,這習慣真的和我們很不同,無論咖啡、可樂、啤酒……等,都是先喝飲料才吃飯,有時我都覺得喝下去都半飽了,能吃啥?

考古學博物館

是由兩間相鄰的老房子改建而成,一至三樓放了一些陶器、石雕、鐵製品等,缺乏整理、標示,陳列狀態極差。不過四樓有傳統工藝木雕的大櫃子、大書桌,看起來十分厲害,是唯一值得去看的亮點。這種木雕是用大塊木頭去製作,除了手技要好之外,也十分耗費眼力,雕到眼睛瞎掉的師傅大有人

在。上頭的花草動物真的都十分立體、細緻，做一件的確可成為傳家寶。

奧赫里德的行程至此也差不多該結束了，回民宿拿行李時，民宿的老奶奶又叫那個弟弟問我們是不是要搭計程車去巴士站，還問要不要打電話幫我們叫車，除了語言不通之外，這個老奶奶是很精明幹練的呢！當計程車來了，老奶奶還叫他去調頭，因為從城上方出口離開舊城比較不會困在舊城的小巷道中，真的很用心為旅客著想。

馬其頓看起來是一個比較有制度的國家，奧赫里德這裡的計程車全是藍白雙色的，而且一定會跳錶，從民宿到公車總站跳錶是126den，他收了我們120den。另外，從這裡到史高比耶的車票是這一趟旅行第一次有對號座位的，今天終於可以不必衝上車去搶位子了。公車總站有一個「i」標幟，但是沒有提供免費地圖，無所謂，反正我們都要離開了。

可惡的計程車司機

車子很順利的在三小時左右抵達了首都史高比耶，因為抵達的時間是下午六點多，而且又是個大都市，前一天我就先上網把旅館訂好了，就在車站附近走路五分鐘就可以抵達。

‧①②③ 考古博物館‧
‧④ 正牌的藍白計程車

當我們一出站，立刻有好幾個計程車司機圍上來，這些人絕非善類。我只是想先張望一下附近的相關位置，但他們一直在我旁邊吵鬧實在很煩！看我拿出手機還假裝很熱心地要幫我找。第一個司機看完地址後，竟然跟我說我訂的旅館有兩公里，而且還比了一個反方向。哼！真想罵髒話，當我是白痴唷！接著另一個說可以打電話幫我們問，還不是要說之後我們可以搭他的車去保加利亞。我跟他說我會考慮，因為他有告訴我往旅館正確的方向，所以我沒有想罵他。想做生意沒什麼不對，但不可以鬼話連篇，連沒有巴士到保加利亞這種話都說得出來，真是太可惡了。

方向知道後，很快就可以走到旅館。離車站近的旅館沒幾家可以選，所以我選了一家不貴的MOTEL。進去之後，接待人員是一位阿伯，熱情地令人嚇一跳，而且嘴巴還會一直碎碎念。房間全都是一樓，也沒幾間，還好有冷氣，門鎖好就可以啦！旅館對面是一家不小的Shopping mall，裡頭有間超級大的超市，在大超市買東西很便宜。逛一下，買點熟食，決定今天早點休息吧！

· ① ② Le Village Motel
· ③ Motel對面的 shopping mall

7/14

馬其頓‧史高比耶

昨天真的太累了，查公車時刻表的網站竟然一個字都無法解讀，但今天一覺醒來，睡飽了，精神來了，瞬時網站上的西里耳字母全都變成我能理解的，真神奇！我順利地查到由史高比耶往保加利亞首都索菲亞的巴士一天只有四班，分別是08:30、15:00、22:00、00:00，票價1040den，這一段的車程只有五到六小時又要過邊鏡，搭夜車不適合，半夜被叫醒查護照後，絕對是無法再度入睡的，所以搭下午三點那一班應該是最合適的。

決定好之後就立刻去車站買票，書上的資訊都有提到車站有「i」，也有可以換錢的地方，偏偏我們兩個就都沒瞧見。我只好去問顧月台的工作人員（有掛示別證才不會被騙），誰知他手竟指向賣票窗口。「什麼，是那邊？」我心裡正這麼想時，仔細一看，玻璃上的確寫了information，只是是用西里耳字母寫的而已（心裡不禁OS：外國人最好是看得懂啦！），而旁邊那一個窗口就是EXCHANGE。唉！只能說鬼遮眼，以為不會出現在那個位置就沒仔細看了。換了錢就直接買車票，馬其頓真的比較有制度，這一

趟是跨國車，售票員有跟我們要護照將
資料輸入電腦，印出來的票上有名字也
有護照號碼。

史高比耶 City walk

沿著河散步到馬其頓廣場時會經過許多
正在大興土木的大型建築物，一棟比一
棟大且壯觀，他們很喜歡用人像來裝飾
建築物，我不確定是否為當地名人，還
是只是個裝飾藝術的人形？而且其中竟
有一個比「YA」的人呀，會不會太輕
鬆了？

馬其頓廣場上的雕像下方是一個音樂噴
泉，隨著音樂的節奏會有不同的高度變
化，感覺挺有趣的。坐在廣場上欣賞水
舞及看著來來去去的人發呆，也是一種
樂趣。

馬其頓廣場前的石橋也很不錯，有很多
人在守橋，過橋後就是土耳其區了。首
先去參觀了聖迪米特教堂，我們正好遇
上禮拜時間，教堂裡的人全都站著、一
起唱著聖歌。聽完聖歌後，神父開始講
道時，大家就可以坐下來。這時，有趣
的畫面出現了，有人閉上眼睛靠著牆

· ① 匯兌處及information 資訊中心
· ② 往索菲亞的公車票

好像準備睡了，有人則是拿出手機開始滑了起來。這一幕很值得深思：當信仰徒為形式，這樣的「禮拜」究竟還有多少意義呢？

說也奇怪，我們在這一區逛時，路上竟然沒多少行人，店面也都沒營業——難道是因為星期天的關係嗎？本想參觀穆斯塔法・帕夏清真寺（Mustafa Pasha mosque）的，但可能哪裡走錯岔路了，竟來到國家藝廊（National Galley），這間藝廊是由15世紀的土耳其澡堂改建而成的。因門票便宜，我們索性就走進去瞧瞧！展覽的內容為現代藝術，我實在是看不太懂，不過是一個不小的澡堂，澡堂的狀況的確保存得不怎麼樣，有些地方已重修過了，看來是無法做為澡堂使用，才變更用途的。

繞了很大一圈，終於找到穆斯塔法・帕夏清真寺的正確方向了。它外觀維持得很不錯，遺憾的是內部正在整修中。我每次暑假規畫的自助旅行，總免不了遇到古蹟、教堂、清真寺甚至是博物館正在整修的狀況。狀況好一點就是部份整修，還可以窺探部分遺跡，狀況糟的就只能看看外觀了，實在很慘。

清真寺對面就是當地的城堡要塞了，可以眺望整個史高比耶市區街景。但因為此行已經看了不少要塞，又傳聞此地人煙稀少，偶有扒手出沒，所以我們決定略過。

・① 金融警察局
・② 金融警察局頂樓的雕像
・③ 電子通訊辦事處
・⑦ 馬其頓廣場的音樂噴泉
・④ ⑧ 聖迪米特教堂
・⑤ ⑥ 國家藝廊及其展出的現代藝術
・⑨ ⑩ 穆斯塔法・帕夏清真寺

· 聖救世主教堂

旁邊就是聖救世主教堂（The church Saint saviour），它有個漂亮的中庭及禁止照相的教堂。教堂內的聖幛（就像是牌樓一樣，有許多聖像，最上方有十字架的那個）是馬其頓最厲害的木雕作品，雕工細緻，圖案繁複，仔細看可以在其中找到許多動物、天使、植物等元素，一個都不馬虎。不過因為年代久遠，木雕上有許多似蟲蛀的小洞，不知道日後是否還可以保存。裡面不能拍照只能拍它的海報留念，木雕的手法就如同在奧赫里德博物館看到的那樣，只是更壯觀而已。

史高比耶購物中心

午餐後我們又散步回到馬其頓廣場，想去逛一下地圖上標示「史高比耶購物中心」這一區，把馬其頓幣用完。當我們走到那邊時，很多店都沒有開，這真的太奇怪了，星期天大家不是才有空逛街，怎麼反倒大部分的店都沒開？或是大家週末都去郊遊了嗎？這一區的確是很大的購物商場，把有營業的商店逛過一圈後並沒有找到想買的東西。算了！到車站再把錢換回歐元就好。巴爾幹地區這幾個國家在換錢時匯率並無大額及小額的分別，所以大鈔不見得比較好用，當然你也可以拿100歐元給他說要換20歐元的當地貨幣，他就會把剩餘80歐元找給你，不用每次都換到100歐元。用不完的錢換回歐元，匯率也只差一些些，不會損失很多，還算挺有良心的。

‧巴士和行李票

史高比耶的巴士總站跟火車站共構，火車站在二樓，但因為我們沒有要搭火車，也就沒特地去樓上瞧瞧。巴士站要進月台一樣有人在管制，得憑車票才能進去，但不用付月台票。長途巴士都會提前10-15分開門讓大家上車，這一班也有劃位，可以慢慢來，不急。行李是計件付費，這車應該是保加利亞的公司，行李票上印的是1元列夫（Lv），但也可付他30den馬其頓幣。上次在波赫出過一次翻箱倒櫃找錢的事件之後，現在在上車前都習慣留一點錢，到休息站再花掉比較保險。

近五點時，我們的巴士抵達了馬其頓與保加利亞的邊界，這個出境檢查得蠻仔細的，但幸好沒遇上什麼問題。護照全都拿回來後，司機找一個自願者幫忙發，他就趕快把車開到下一個關口。這個司機開車開超快的，很久沒坐到這麼瘋狂趕路的巴士了，感覺正常多了。前幾個國家司機開車速度都很慢，即使路上沒車也全都乖乖的整路依速限駕駛，很守規矩。在路上也很少按喇叭，大家都安安靜靜的，但從進阿爾巴尼亞開始，人就開始變吵了，車子也是，而且司機越來越兇猛，平均車速有加快的趨勢。

保加利亞入境也沒多大問題，但也檢查得超仔細，最後還有一個警察上來不知道問大家什麼，說完大家哈哈大笑他才下車放行，這個邊境比之前的都正常多了。在這兩個國家的出入境，一共用了五十分鐘，可以想見如果有人出問題，大家可能會等更久。邊境過了司機才停休息站，按理說錢應該還是可以通用。這個休息站上廁所要收錢，可以付歐元（€0.2）、馬其頓den（10den），也可付保加利亞列夫（0.3Lv）。前面

一個妞沒有小錢，拿出5歐元給歐巴桑她不收，育胤直接拿出20 den幫她一起付了，也沒多少錢。上廁所可以收馬其頓den，買東西也行，我們就在這買了水及飲料把錢花完，今天晚上就不用急著換錢買水了。

哇！有時差

上車之後，那個妞兒竟然拿了1歐元給我們，育胤一直推說不用，但她堅持要我們收下。車上的時鐘一直比我們的錶多了一小時，我們一直在猜會不會有時差，到索菲亞（Sofia）時證實了的確有時差一小時。因為表訂20:40會抵達，而下車時我們的錶才19:50，車站的時鐘顯示的是20:50，所以這一段車程是五小時（含過邊界時間）而不是我們想的六小時呀！

索菲亞這裡我也在Booking.com先訂了一家位於王子飯店後面的小旅館，從車站就可以看到高聳的王子飯店，完全不用找人問方向。到旅館Check-in之後，請櫃台小姐幫我們打電話問旅行社去里拉的團，因為早上我有發電子郵件到旅行社詢問，但在

我們離開史高比耶之前都沒收到回覆。小姐說我們可以先進房間，她問好再打內線電話通知。

後來，櫃台小姐說明天的團已經額滿，看我們是要參加旅館合作的旅行社或是後天再去？「滿團？怎麼可能？」我心想大概她是想給合作的旅行社賺吧！我先推拖再考慮，明早再回覆後，趕快上網查資料，此時也收到旅行社回覆的e-mail，一個人要價50歐元，實在是不便宜。在「地球步方」及背包客棧都有看到Hostel Mostel有三人出團的資訊，一人只要20歐元，缺點只是沒有導遊而已。其實這對我們來說沒差，沒有guide就自己胡亂蓋吧！

這家Aris旅館還蠻新的，算是商務旅館，房間是刷卡進入，裡面的物品也都很新。在Booking.com上看到照片，那暗紅色的床罩給人很老舊的感覺，但實際上並非如此，我覺得旅館的照片拍爛了。搭了一下午車也是超累的，趕快睡覺明天要去City walk，想必也會是很累的一天。

· Aris旅館

7/15

保加利亞・索菲亞

買臥舖火車票

我們預計搭乘明晚的臥舖火車回到貝爾格勒，完成這次的中巴爾幹小圈圈，一早吃完早餐就儘速往火車站移動。火車的確不是巴爾幹地區主要的交通工具，這幾國的火車站看起來都冷清得令人覺得恐怖，超像到了廢棄的房舍改造的鬼屋一般，總覺得隨時可能有鬼會出現來嚇你，要不是大白天且有人相伴，我怕是不敢走進去。火車站內有「i」可以詢問本國火車相關問題，聽到我們要買跨國火車票，櫃檯人員指示我們往火車站另一頭的小房間去。當我們抵達時，前面有一個日本的歐吉桑也在買明晚8點半的臥舖車，看來與我們同路唷！櫃台阿姨會講英文，不過買票不知得處理啥，她看了很久的電腦畫面才打出票來，而且要一本護照去登記（不用每一個人？）。兩個人的票一共有三張，車票部份一人一張，臥舖費用兩人打在同一張，上面有車箱號碼及床舖號碼，六人一室（心底浮現不太妙的預感）。阿姨提醒要提早半小時到火車站，看板會顯示車停在哪一個月台，通常是5或6，看好了再上車。

・① Aris 旅館的早餐
・② 公車總站
・③ 火車站
・④ 公車、地鐵一日券

為什麼說六人一室不太妙呢？因為火車的高度就那麼高，六人一室代表必須分為上中下三層，這之前我在法國往德國的臥舖火車搭過，在床上連坐都無法坐直，只能斜靠著、躺著，不是很舒服、方便。所以去俄羅斯旅行時，我都會搭二等臥舖四人一室的，只分上下兩層時，空間就大多了。不過，這裡的二等艙就是六人一室，也沒頭等艙可以選，除此之外的就是座位車了。火車站有國際線專櫃的做法也算是聰明，只要有一個會講英文的人處理即可，也不會因為車票搞太久，影響其他人買車票。

搞定火車票之後，接著就去處理明天去里拉修道院的車了。我們在公車站的票亭買了一日券4Lv（單次1Lv），售票員在上面蓋了今天的日期，因為今天車子可能會搭來搭去的。索菲亞的公車或電車，若是攜帶大件行李的人，一次得買兩張票，因為行李也佔了一個位置嘛！上車之後，一定要把票放進打票機手動打票，每台車的打洞位置不同，沒打就是逃票，被抓到會被罰錢的唷！聽說一日券是不用打洞的，但正當我們在研究那個打票器時，一個妞兒立刻走過來幫忙，把我們的票放進去打了洞。看著被打了洞的條碼，真不知道該說啥，條碼設計來被打爛的嗎？幸好下面還有一個相同的條碼，不知道是做什麼用的。

· 5號公車

· 遊客資訊中心

· 聖尼達亞教堂

強強滾的Hostel

從火車站搭4號有軌電車只要五站就可抵達馬其頓廣場，Mostel Hostel入口就在路邊，但招牌很不明顯，得仔細看別錯過了。不起眼的入口進去之後竟然別有洞天，裡面有超多人的，熱鬧滾滾。我在櫃台問去里拉修道院（Rila Monastery）的團，她叫我在表格上簽名字及日期登記即可，不用先付錢，明天9:15到這裡集合即可。

因為有一日券，離開Hostel之後，我們去搭了5號有軌電車往東邊的市中心。在聖尼達亞教堂（St. Nedelya Church）對面巷子裡的遊客資訊中心有免費的市區地圖可以索取，地圖上有各景點的立體圖可以對照，不怕走錯了。

聖尼達亞教堂

這是個石造的保加利亞正教教堂，但看起來所有東正教的教堂都沒什麼多大的差異，裡面點的蠟燭很多，不像有些教堂只有少數蠟燭孤

・①②聖佩特卡地下教堂　・③④班亞・巴什清真寺

零零地燃燒著。吊燈上的蠟燭已全數更換為燭形的省電燈泡，提供教堂內穩定的照明。

聖佩特卡地下教堂 St. Petka of the Seddlers Church

從對街看只能看見此教堂的屋頂，很是奇特，它建於14世紀鄂圖曼帝國統治時期，教堂小小的很可愛。不過沒有開放參觀內部，只有一個賣紀念品及提供點蠟燭的小角落可以看而已。

教堂旁邊有多家紀念品店及古代城市塞迪卡（Serdica）的遺跡，路邊有

許多看板介紹發現此遺跡的過程及目前挖掘的部分。它是索菲亞在挖地下鐵時挖到的古城，推估規模超過6000m²，但由於位在許多現存建築之下，可能當局也不知要如何處理吧，就讓它與捷運共存，成為車站內的裝置藝術，形成一種古今交錯的奇特場景。

班亞・巴什清真寺 Banya Bashi Mosque

清真寺是由鄂圖曼時期的大建築師席南（Kodža Mimar Sinan）所設計的，建於1566年，是索菲亞市中

・①②③猶太教會堂 ・④燭形燈 ・⑤國立歌劇院 ・⑥舊共產黨本部 ・⑦塞迪卡遺跡

心少數留下的清真寺，我們走到門口又發現它關門整修中，搞什麼！這一趟跟清真寺很無緣，不知吃了多少閉門羹。不過，門口沒有圍起來，我有拉開門偷看一下，裡面正在鑽地板，但入口處上方的藍白色瓷磚的確精緻漂亮。

猶太教會堂

清真寺沒看到，我們跑去看對面的猶太教會堂，這可新鮮了，我們很少遇到猶太教會堂可以看耶！到了門口，有兩個捷克妞也在那裡張望，裡面一個警衛先是問打哪來的，又問有沒有要進去？確定有要進去他才開門，後來那兩個捷克妞決定不進去了，只有我們兩個進去看，門票一人2Lv。裡

面可以拍照，有很多猶太教六角星星的裝飾，中間本體建築為八角形，二樓可以坐一整圈的人，和在伊斯坦堡看迴旋舞表演的場地極為相似。

入門處附近還有一個很有趣的東西，就是電子蠟燭，在那面牆上寫有某些名字，名字旁邊有一個小小的燭形燈閃動著，有點像我們廟裡點光明燈的意味吧！

在清真寺與猶太教會堂之間有一棟菜市場，裡面生熟食都有販賣，還有餐廳、銀行及美髮沙龍，也有一家賣玫瑰產品的小攤位，我們在這一家試了很多品牌的護手霜並記了價錢，決定要回旅館時再來買，才不會重得要死。不知不覺肚子餓了，市場裡面有賣熟食，可以以手指點餐，應該不會有問題的。我買了一隻大雞腿2Lv，育胤則買了烤豬肉，不過不知道為什麼她拿到的竟然是肉丸子，店員實在是太「兩光」了。

為了測試打爛的一日券到底可不可以搭地鐵，我特別去試了一下，搞了很久才弄清楚，這一日券要進地鐵閘門前得先去給窗口的站務人員刷一下條碼，接著這條碼才可以刷進閘門，每搭一次就得做這個動作一次才行。因為一日券上的日期是用蓋的，得人工判讀是否為今日的票券。幸好票上有兩個一模一樣的條碼，打爛了一端還有另外一端可以用，不然就糗大了！

從舊共產黨本部前的階梯下去，可以從另一端看塞迪卡的遺跡，我們在這裡發現另一家紀念品小店，但價錢和市場那攤一樣。這次的幾個國家似乎東西都是均一價，只是每一家賣的東西會有些差異。其實這樣挺好的，省了比價及殺價的困擾。我們在鑽出地面時一定又走叉了路，走了半天都沒看到可愛的洋蔥頭教堂，而誤打誤撞到了無緣的國立歌劇院（Opera）。為什麼説無緣呢？因為我們本來希望到保加利亞後可以在這歌劇院看個傳統音樂或舞蹈的表演，不過查了節目表，表演都只在五、六、日三天才有，只能安慰自己説下次吧！

聖尼古拉俄羅斯教堂

看了一堆東正教教堂後，聖尼古拉俄羅斯教堂（St. Nicholai Russian Church）真是令人耳目一新，它有五個金色的小洋蔥頭，超級可愛的。它是1913年由俄羅斯外交官下令建造的，目前已經100歲了，內部正在整修中，只能從賣蠟燭處向內張望。俄

羅斯教堂頂上的十字架與其它教堂型式不同，多了一橫及一斜叉，還蠻容易區分出來的。

旁邊不遠處就是聖索菲亞教堂（St. Sofia Church），它是六世紀時由查上丁尼一世所建的拜占庭式教堂，後來鄂圖曼統治時期，被拿去當清真寺用。有許多教堂都經歷過這種過程，想來也有趣，清真寺與教堂外觀其實差蠻多的，它們竟然可以稍微改裝一下內部（把聖像移除，壁畫用灰蓋掉……）就直接當清真寺用。也幸好他們的尺度這麼寬，否則老建築物及古蹟早就被破壞殆盡囉！

後來經過地震、火災、戰爭的摧殘，現在看到的建築是1900年後重建的，教堂內有

·聖尼古拉俄羅斯教堂

·聖索菲亞教堂

· 亞歷山大涅夫斯基教堂外觀

部份地面用透明板讓我們可以看到以前教堂的殘跡。正要離開教堂前,正好遇上一家子人抱著一個小嬰兒前來請神職人員祈福,只見那個神父唸唸有辭,有時又像是唱歌,其間還不時在自己及嬰兒身上劃十字架。今年這趟旅行超幸運的,教堂婚禮、彌撒、祝福儀式都遇過了,雖然搞不太懂他們在做啥,但看熱鬧還真有趣。

亞歷山大涅夫斯基教堂 Aleksander Nevski Memorial Church

它號稱是全巴爾幹最美的教堂,不過美醜這種事見仁見智,是不是真的最美我不敢說,但它肯定夠壯觀、夠宏偉。教堂最高的圓頂有60公尺高,估計可容納5000人,是為紀念戰死的20萬俄羅斯士兵於1882年開始興建的,並花了40年才全部完工。除了外觀大之外,裡面裝飾的大理石、瑪瑙及馬賽克聖像

・亞歷山大涅夫斯基教堂正面

畫都十分華麗；可惜同樣不能拍照。特別的是裡面有三面聖幛，中間供奉的國家是俄羅斯，右邊是保加利亞，左邊則是斯拉夫各國。讚嘆完裡面之後，我們出來從各角度欣賞它的外觀，每個面看起來各有不同的味道，別錯過任何一面唷！

索菲亞市區的景點還蠻集中的，用步行的就可以走完，所以有免費的City tour可以參加，一天有兩梯次11:00及18:00，有英文導覽志工做介紹，因為時間關係，我們沒參加到，但聽說很不錯、值得參加唷！

一直以來都覺得City walk和逛街是旅行中最累的兩個行程，今天走到這裡體力也差不多快耗盡了，能支持我繼續走的動力就是接下來想血拼的慾望了。這一趟行程因為一直處於移動狀態，沿路我們都沒買啥紀念品，頂多是小磁鐵、明信片而已，但這已經是倒數第二站了，再也不用克制、可用力衝囉！更何況保加利亞的玫瑰可是舉世聞名的。

索菲亞的市中心有兩條逛街區，可以在免費地圖上看到標示，在「i」拿到的地圖是市內各廠商贊助的，所以上面有各家店的位置，即便如此，這不失為一份好用的地圖。上面除了有商店標示之外，還有有軌電車、電車、巴士的路線（是用不同顏色標示車種，以數字代表路線）。可以從圖上直接查由A點到B點需搭何種車，真的很實用唷！

異國的珍珠綠茶

我們先搭車到ул. Граф игнатиев（ul. Graf ignatiev），這條路有一邊全是

水果攤，櫻桃1公斤才台幣40元，太誘人了，也不管回到旅館時會不會變成一包櫻桃醬，我們還是買了一些。旁邊有一間也很漂亮的教堂——Sveti Sedmochisienitsi church，但是都沒有出現在我們的旅遊書裡，都到這裡了就隨意地進去瞧一瞧吧！在這路的另一側竟然發現有家搖搖飲料店，這是出國很少看見的，立刻決定進去考察一番。喝了好久含糖飲料，想說就點個無糖綠吧！接下來小姐問我要加什麼？她撈出白珍珠、黑珍珠及椰果給我看。好吧，那就無糖珍珠綠茶！點了之後才發現在這種均一價的國家，喝無糖珍珠綠茶實在是太白痴了，應該點個水果冰砂之類的。不過，真的很厲害，珍珠跟在台灣吃的一模一

· 飲料店外況

· 異國買的珍珠綠茶

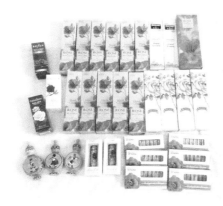

· ① Sveti Sedmochisienitsi church
· ② 勝利大道
· ③ 保加利亞玫瑰商品

樣，但超級貴的，這麼小小一杯就要台幣70元吧！在國外喝搖搖飲料應該跟我們在台灣喝星巴克一樣是高級消費吧！

看看這條街應該是沒啥好逛的，立刻轉往勝利大道（Витоща），這是很多時尚精品店、舞廳、咖啡店林立的徒步逛街區，但沒有賣紀念品的專門店。我們一路逛到DKN地鐵站，搭地鐵回到地下教堂，走回菜市場去買玫瑰護手霜們，但這小攤不收歐元，只能把身上的列夫花光。菜市場旁的匯兌所匯率超差，早上在銀行是1:1.9xx（歐元：列夫），這裡竟然是1:1.59，太誇張的爛，不換不買了。當我們走到地下教堂旁時，竟發現一整排的紀念品店，而且店家都收歐元唷！（紀念品店收歐元的率兌是1:2，比銀行換錢的匯率更佳）反正都是均一價，在哪一家買都一樣。隨便找一家進去買了10支1盒的針管香水數盒、玫瑰精油、玫瑰香水、磁鐵……等，最後算一算，再拿幾條護手霜補足50歐元，才不會收到一堆歐元的銅板。護手霜真的是挺重的東西，但價格便宜，如果這是最後一站，非常適合掃貨回來分送親朋好友唷！

7／16

保加利亞・里拉修道院

一早買了兩張電車票（省得回程還得找售票亭）就搭4號電車到Hostel Mostel集合，喜歡熱鬧的背包客真的可以來住這裡，這是個很有人氣的Hostel。今天一共有12人要去里拉，集合後，櫃台小姐先說明大致的行程及時間後，就帶我們至門口搭車。每4人一車是用私家車，包車的費用應該在60歐元以下，所以它說3人即可出團。還蠻準時的9:30出發，10:30途經一個加油站放大家休息一下後就開始走山路了，車子開得很快，11:40我們就抵達里拉修道院後方的森林。三車的司機有一個會說英文，負責招呼我們下車，然後帶我們去爬山，據說上面有一個修士隱居的山洞及教堂。

爬這個小山坡其實還挺累人的，但是見到司機阿伯臉不紅氣不喘的一直走，說什麼也不能輸呀！只能硬著頭皮一直往上緊跟著他的腳步，阿伯在10分鐘之後讓大家休息喘口氣。等落後的人跟上又開始走，眾人一直喘著氣跟他的泰然自若相比顯得我們很弱。這時他說還有一半，我聽了真是差點昏倒！不過說好12個人得一起行動，我總不能老是那一招：「我在這裡等你們。」也只能拚了老命的跟著一起走了。

・小教堂

・一次用電車票

・累人的小山坡

別想太多兩隻腳一直不停地走，好像也沒多久就走到了，是一個好小的小教堂，但是阿伯說要去看旁邊的山洞，因為裡面沒有照明，要我們等他去弄蠟燭來。山洞的入口就在教堂邊上，真的蠻小的，13個人一起擠進去，連轉身的空間都沒有，大夥一個挨著一個，聽阿伯簡單的介紹。之前有個修士（應該是聖伊旺・里拉）在這裡隱居了八年多，所以後來在這邊蓋了教堂。山洞裡面其實沒啥看頭，就一個一般的山洞而已，但看得出來有許多人前來朝聖，檯面上有許多蠟燭的殘骸。本以為就這樣看完就結束了，結果阿伯說要從上面鑽出去。

「蝦密？為什麼要鑽出去？」我實在不明白為什麼要爬上梯子從上面的洞鑽出去，但是我樂於跟從與嘗試。在阿伯爬上去之後，我緊跟在後，那個洞真的是很小，太大隻的人應該是過不去的吧！原本我背上背著背包，因為會卡住，我只好脫下來交給已經鑽出去的阿伯，才有辦法鑽出那個洞。

大家鑽出來之後都覺得挺有趣的啦，但是為什麼要這樣，至今我仍然猜不到。接著我們又往上走了一小段，到一個有泉水湧出的地方。出水口附近的牆面，被人塞滿祈福的小紙片，司機阿伯說我們也可以寫些什麼，寫好之後找個洞塞進去就可以了。

這個奇特的行程就到這裡結束了，阿伯要大家沿原路下山，他殿後以免有人不見，等大家都到齊後我們就驅車前往今天主要的目的地——里拉修道院了。我們有兩個小時可以參觀及吃午餐，因為里拉修道院位於河邊，所以司機推薦可以試試這河裡所捕撈的魚。可惜天氣不是很好，看起來快要下雨了，我們還是趕緊進去參觀，有時間再來解決午餐吧！其實，看到這樣的天氣著實令人失望，因為我喜歡照片有藍藍的天。更何況這又是保加利亞一個遊客絕對不能錯過的地點，拍不到漂亮的照片，換作是你能不失望嗎？

里拉修道院位於首都索菲亞南邊117公里，從聖伊旺來這邊隱居開始（約西元10世紀中期），就有不少他的追隨者（學生）跟到山上來接受他的教育，後來才會在建立這個修道院。原本的修道院位於山洞附近，一直是保加利亞的文化及教育中心，歷代的領導者皆對此有不少貢獻。後來十四世紀修道院因為地震嚴重毀損，1834年開始才在現址重建，於1983年被列入世界文化遺產名錄。

目前的修道院有三百多間房間，但只有少數修士居住在這裡。建築物外觀黑白條紋，實在非常阿拉伯風。我從幾個角度拍了整個修道院，因為外圍廊道上下的壁畫實在是太吸睛了啦！每一幅都精雕細琢、色彩艷麗，真不愧為保加利亞的信仰中心。話雖如此，不過看到這麼「重本」的佈置，我每次都會覺得有必要花這麼多錢在建教堂嗎？這些錢可以做多少幫助人民的事呀？難道建一個偉大的教堂，信仰就可因此保存，抑或是與上帝的關係就會變好嗎？我相信不是吧！心靈上的部份應該比外在的更重要吧！也難怪當初馬丁路德會提出改革的想法，而有後來新教的發展！

信仰真是奇妙的東西，仔細想想世界各地有多少偉大的建築是宗教類的就可知了，無論哪一個宗教，人民都願意捐錢來取悅他們的神，但是這些錢有沒有被拿去亂用、濫用，誰來監督？各個宗教都有最後禁不住誘惑、貪心、貪財、貪色的神棍出現，與其捐錢蓋廟、蓋教堂、蓋神殿，不如多做善事比較直接吧！

進到修道院前有一個有趣的告示，背心、短褲、短裙三個圖案都被畫了叉，我還跟育胤開玩笑說這是代表：不可以穿上衣、不可以穿褲子跟裙子，那不就要脫光了嗎？雖然這是一個觀光客很多的地方，但還是保加利亞信仰的重鎮，對服裝的要求還是很傳統，背心、短褲、短裙是不可以進去的唷！

里拉修道院的教堂內部不能拍照，但也跟外面一樣充滿色彩鮮豔的繪畫，有些部分在整修清理中，以便恢復畫上漂亮的色彩。這裡人們上教堂時因為都有點蠟燭的習慣，教堂的壁畫長期下來都會被燻得黑黑的，定期清理修復是必要的。這裡除了壁畫吸睛之外，聖幛也是另一個值得注意的焦點。10米長的聖幛花了數年的時間才雕刻完成，由於和在史高比耶救世主教堂看到的聖幛是差不多的東西，所以第一眼看的時候沒覺得那麼稀奇了，只是規模更大了一點而已。不過，再仔細瞧，這裡的圖案跟之前看到的不太相同，但因為不能拍照，看到最後只能用眼花撩亂來形容，細節就留給大家自己親自前往時再看個仔細吧！

· 里拉修道院
· 修道院外的禁止標誌

- ① ② 里拉修道院教堂
- ③ ④ ⑤ ⑥ 里拉修道院細部欣賞
- ⑦ ⑧ 風鈴、盤子紀念品

· 魚大餐

· 我稱為「假肉」的漢堡肉排

逛得差不多了，我們還來得及留一點時間去吃午餐，聽說這裏的魚不錯，一定得試試看。修道院圍牆外有幾個攤販有販賣紀念品，還有一家小紀念品店，本以為均一價的東西在這裡竟然貴了些，有點令人傻眼。例如裝有針管香水的小木瓶，市區賣2Lv這裡要3Lv；一盒10枝的針管香水，昨天只要5Lv而這裏要6Lv。不過紀念品店裡的香水比昨天便宜了1Lv，也有昨天沒看到的風鈴、茶杯、盤子等具有保加利亞工藝色彩陶製品。陶製品漂亮歸漂亮，但是帶著它會讓我很有壓力，很怕路上會打破，最後我把剩下的錢全都拿去買了玫瑰香水。我真的還蠻喜歡購物的，尤其是紀念品，因為我喜歡帶回來之後分送諸親友，不過買歸買，還是以不影響我行動為原則，量力而為就好。

餐廳點魚是以重量計價，服務生有說今天的魚大約都在350-400g之間，多少錢算一下就可以知道了，不是一個會坑人的地方，感覺其實挺好的。我們兩個點了一條魚，我又另外加點了一杯啤酒，在這個喝啤酒跟喝水一樣價錢的地方，當然選擇喝啤酒囉！魚真的新鮮又好吃，外面炸得酥酥的，但魚肉還是細細嫩嫩的，處理得很不錯。

巴爾幹火車初體驗

天快黑了，火車站裡的感覺比那天來買票時還要恐怖，沒什麼人的大廳空蕩蕩地不知道哪個角落會冒出什麼來？拖著行李戒慎恐懼地四下張望，確認好我們火車停靠的月台後，只想趕快到月台上去，遠離這個恐怖的火車站大廳。沒想到，離開大廳後往月台的通道更是恐怖陰森，兩旁的牆上到處有稱不上是美觀的塗鴉，就像兒時在河堤下、陰暗處會看到的塗鴉一樣，感覺就是不好的地方才會有的佈置，不自覺地讓人心跳加快、腳步也跟著加快。來到可能是我們火車月台的地方，一邊是樓梯、一邊是老舊、可怕、不知道會不會卡住的電梯，拖著行李的我還是懶惰的選了電梯那

邊。上到月台才發現這一定不是個對的地方，因為不但沒有火車的影子，而且連半個人都沒有。育亂說剛剛好像有看到另一個也是寫著「5」的地方，看起來那個方向也的確有人、有火車，只好再搭著咿咿呀呀、不知道啥時會罷工的電梯下去找。

果然在正確的月台處，我們要搭的臥鋪火車已經到了，也可以讓大家上車了。看到這麼老舊的火車時，有一點想暈倒的感覺，這種骨董級的車真能把我們載到塞爾維亞而不會中途解體嗎？

上車之後果不出所料，六人一間的二等臥鋪車是分成上中下三層的，跟之前在法國搭的臥鋪是相同的配置，

這種臥鋪相當不好，因為每一層的高度都不夠一個人坐在床上，待在床上時得側身斜躺著，有點麻煩也有點累。我個人還是比較喜歡四人一室的臥鋪車，只分上下兩層空間會大一點，就算是不睡覺時也可以坐在床上看看書或是寫點東西，不會像這個一樣連轉身都有困難。我們這一間六個全睡滿了，隔壁幾間也是全滿，看來這一列火車幾乎是滿載的狀態。今晚與我們同寢的有兩個日本妹跟一對捷克情侶，因為日本妹之後會去捷克，剛好趁機問一問捷克人有啥好玩的地方跟好吃的東西，大家有個話題可以聊。

開車之後沒多久，車上的服務員就過來發床單跟被單，枕頭跟毛毯則是一

·臥鋪火車

開始就放在最上層旁的空間，自己拿下來使用即可。舖好床舖之後，我就一直躺在位置上，但是等等又要過邊境，現在的心情又是戰戰兢兢的，也睡不著啦！因為我們離開塞爾維亞進入波士尼亞的時候沒有蓋到出境章，實在是很怕再入境塞爾維亞會有問題，一整路一直為了過境問題提心吊膽，其實也是挺累人的啦！

到保加利亞邊境的時候，關口的人員有上火車來一間一間逐一的跟大家收護照，並仔細地核對照片，這才是比較正常的程序吧！對好之後整疊收下去蓋章，還有人上來檢查車上各個地方，甚至還打開天花板拿手電筒照來照去的，怕走私吧！查得比坐巴士還嚴格耶！這個出境檢查得有點久，等

護照蓋章的時間也有點長，雖然出境應該不會有什麼問題，還是讓我們小擔心了一下。最後上來發護照的時候，海關人員也是上來叫名字逐一發回，順便還問了同房的捷克男說：「你有沒有帶毒品、槍？」大家都很緊張的看捷克男很正經地回答，沒想到海關人員竟然還問了一大堆亂七八糟的問題，這時候大家才知道他是在開玩笑的，這個插曲讓我們緊張的心稍稍地舒緩了一下。

接著火車又往前開了好一陣子後才又停了下來，我心裡想的是：這兩國的邊境檢查站未免也隔得太遠了吧！這次等了很久才輪到我們這個車廂，來的海關人員一個一個的檢查護照，但是並沒有收走，沒問題的直

接在護照上蓋章。輪到我們時，我們照例又拿出那張無數人摸過的入境許可，因為是塞爾維亞文的，所以他看了一下就還給我們了，也沒問任何一個問題，詭異的是他竟然把入境章蓋在我們的護照上而不是那張入境許可上？究竟是他搞不懂亂蓋，還是本來就可以蓋在護照上，這個我們就不知道了，但是為什麼從機場入境時是蓋在入境許可上？管他的，只要沒問題蓋哪都好啦！來過一個國家卻沒在護照上留下入境章，這樣我才會覺得比較遺憾吧！快睡，不然明早到貝爾格勒會累到不想出門。

晚上因為窗戶關上，沒有預期中的冷，蓋毛毯讓我熱到睡不著，只好又起來把毛毯踢到腳下。不知道是不是年紀大了，以前怎麼都睡得著的我，這一趟夜臥火車睡的不是很好，一路睡睡醒醒的感覺很累。

7/17

塞爾維亞・貝爾格勒

搭車好貴

清晨抵達貝爾格勒火車站，同寢室的兩個捷克人還要去換火車，雖然都在歐陸上，但好像有些國家的火車軌幅不一樣，所以在某些地方就一定得換車才行，譬如貝爾格勒就是一個必須換車的地方。我們這一次旅行全程就搭這麼一段火車，感覺也是挺特別新鮮的，下車之後過個馬路就到我們旅程最後兩天要住的地方——Downtown Belgrade Hostel，我們又訂了跟第一晚一樣的公寓式雙人房，當然也是得等下午才能check in，我們就坐在他Hostel的交誼廳休息，並研究一下待會要去的地方。

貝爾格勒的地圖做得非常好，市區也不是很大，圖上可以清楚看到各線公車的路線，我們第一站就決定搭車去聖薩瓦教堂（St. Sava' s Temple）吧！之後再從那裡搭車去新市區那一側的購物中心，採購完之後再回來check in跟休息，這樣可以省得公車坐來坐去，坐一趟車可不便宜呢！不知道為什麼塞爾維亞搭公車會讓我們覺得非常地貴，搭一趟公車無論遠近

．貝爾格勒火車站

第一趟上車後我把錢拿給司機，司機一邊開車還要一邊從機器打出票來給我，其實還真有點危險。公車每站都會停，所以計算站數就可以知道該下車了沒，還蠻容易搭乘的。我們下車的地點就在聖薩瓦教堂對面，過了馬路馬上覺得很不妙，教堂一整個大逆光，應該要下午來，拍的照片才會比較漂亮。

旅遊介紹上說聖薩瓦教堂是全世界最大的東正教教堂，也是塞爾維亞正教的中心教堂，一定得來親眼瞧一瞧。從外觀來看真的是一個很雄偉巨大的教堂，當我們在外面拍照的時候，有不少觀光團整車整車的被載來參觀，是個重要的觀光景點吧！不過走到裡面去之後有點令人傻眼，因為是個未完工的教堂，裡面還有工人正在施工。目前雖然是個還不能使用的教堂，但是已有紀念品販賣部及捐獻箱──請大家捐錢協助教堂的建造工程。在聖薩瓦教堂旁邊有另一個小一點的教堂緊鄰著，這應該才是目前有在使用中的教堂，但是規模真的是小很多，容納不了太多的人，所以才有蓋新的大教堂的需求吧！未來等聖薩瓦教堂真的完工之後，想必會有許多

都收費150din，跟吃一個臉一般大的漢堡同樣的價錢，這樣的交通費似乎跟我們去過的地方都不太成比例呢！但是這樣貴的公車還是很多當地人搭，不過他們都有類似我們悠遊卡的東西，上車感應一下似乎就可以了。關於這件事我們也問過旅館櫃檯的小姐，她說處理那些對我們來說太麻煩了（因為很多人英文根本無法溝通），我們還是每次上車直接付錢給司機買票比較簡單而且方便。

· ① ② ③ ④ 聖薩瓦教堂　· ⑤ 聖薩瓦旁的小教堂

人從各地前來朝聖，而教堂的規模的確是可在百年之後成為重要古蹟吸引更多的人潮，這看來也是另類的拚觀光吧！

免費巴士？

下一站，我們準備搭公車到新市區那邊的購物中心去逛逛，希望會有大一點的超市可以讓我們買一些紀念品，例如巧克力、餅乾、酒之類的，可以帶回台灣去。上車之後，照例我又拿了我們兩個人的車錢給司機，但是只見司機看了一眼打票機之後，對我搖搖頭沒有收我的錢。我們也不知道是發生什麼事，但是沒付錢就感覺怪怪的，難道是看我們外國妞可愛所以不收錢嗎？後來，過了幾站上來了一個可能是查票員的人，經過

·購物中心

每一個人就跟他們收他們的卡片在他的機器刷一下,應該是看看大家有沒有乖乖的刷卡付車錢吧!輪到我們時,我也不知道要怎麼跟他講,因為我的錢還拿在手上,就把錢拿給他但是他也不收,我就搖搖頭請他去問司機,查票員有走去前面跟司機不知道講了些什麼,反正最後還是沒有人收我們的錢,我們就這樣莫名其妙地下車了。我只能猜大概是打票機故障之類的,司機沒辦法印收據給我們,也就無法收我們的錢。當然大家可能都會想,收錢就收,沒法印收據就算了不是很簡單嗎?但是別忘了,這裡以

前可是個共產國家,沒有印收據就收錢,會不會就成了貪汙,司機也是可以收了錢就放在自己的口袋不是嗎?這說不定是一件很嚴重的事情,為了不要惹麻煩,打票機故障就乾脆別收錢了,比較不會有問題吧!(當然這純粹是我個人的猜想啦,我不知道到底是有沒有猜對,也不知道可以問誰,這樣的推測應該算是合理的吧!)

購物中心真的不小,不過我們都已經餓了,一進購物中心的第一件事就是去看哪一層有可以吃東西的地方,跟以

購物中心裡久違的肯德基

別人到購物中心的目的都不一樣。這個購物中心真的是很全方位的，有超市、玩具反斗城、飲食店、各類服飾店、3C用品、運動用品店、電影院等，可以全家大小一起來逛一整天的地方，累了就到樓上坐著休息吃點心。我們在樓上看到睽違好久的肯德基時超開心的，倒不是因為我個人很喜歡肯德基，而是這應該是吃起來跟台灣不會差太多的食物。

一邊吃東西的時候，我們一邊研究有哪些店想去瞧瞧的，之前在馬其頓的史高比耶因為假日的關係，好多店都沒有開，我們還蠻想看看這邊流行服飾的款式以及產地的，希望不會又是一堆「made in china」的產品。我們先去逛了應該是他們這裡平價服飾的連鎖店，衣服蠻多都是素色、基本款的樣式，產地當然也很多是來自中國，但也不少是土耳其、羅馬尼亞及保加利亞的產品，因為都還蠻素的，沒有看到很有設計感或是比較不同的東西，我就沒有在那邊選購了。之後我們又去逛了Guess這個美國品牌，應該是飄洋過海的關係，Guess在這裡的價錢爆炸貴，無論是衣服、包包都屬於不知道要賣給鬼的

恐怖價錢，當然是看看就好。接著我們去看了來自義大利的sisley，印象中在歐洲看sisley的衣服價錢都還算是可接受的範圍，比台灣便宜很多，大約是2-3折左右的價錢，遇到有折扣時還可能會更便宜，更重要的是在台灣幾乎很難會跟別人撞衫，這就厲害了吧！正好這家sisley專賣店有在打折，不過東西沒有很多，因為它有賣男裝、女裝跟童裝，瓜分了店面的空間。本想買件洋裝的，但是這裡的款式似乎都不太適合我，試穿之後看起來都沒啥特色。最後只選了一件中意的裙子，剪裁設計十分特別，穿起來也很好看，而且剛好還有我可以穿的尺寸呢，不買不就是太可惜了嗎？

我們逛了幾家服飾店發現一個有趣的地方，要試衣服的時候，在試衣間前會有人發牌子，或是你主動跟他拿牌子，牌子上的數字就是你拿進去試的衣服數量，不知道這樣可以做什麼，應該是怕衣服被偷拿走吧！

最後就是逛超市了，可以選購一些這裡製造的糖果餅乾帶回去跟親朋好友分享，超市賣的總是衛生品

質有保證的嘛！況且在塞爾維亞很怪，沒看到有什麼賣紀念品的地方，也不知道這裡到底特產的東西是什麼，買巧克力是我唯一能想到的東西。在超市裡還真的給我找到塞爾維亞製造的巧克力，另外我還買到克羅埃西亞產的巧克力。本想找找有沒有小瓶一點的水果酒（Rakija），但是都遍尋不著，這是一種酒精濃度高達40%以上的酒，由各種不同的水果釀造而成，有李子、桃子、梅子……等，瓶子上會有水果的圖案。這個超市賣的酒都好大一瓶，每罐至少都是700ml以上，對我來說實在是太大太重了，我這次提不起勁也沒有衝動要把它買回家。

走一整天其實也是挺累了，我們決定去樓上外帶一些東西回旅館當晚餐，樓上肯德基旁邊有好幾家賣類似自助餐的秤重料理，所有東西都看得到用指的就好，不會有溝通的問題。

回旅館得去搭公車，我們這次又把錢準備好上車拿給司機，但是又遇到跟來的時候一樣的狀況，司機搖搖頭沒

有收我們的錢，就叫我們去後面，我們就猜大概又是壞掉了吧！然後我們也又遇到查票員，但也不是我們的問題，所以我們又搭了一趟免錢的公車。一天之中遇到兩次相同的狀況，塞國公車打票機故障的機率未免也太高了一點吧！

回到旅館拿鑰匙，我們又住到上次那間位於2-3樓之間的奇妙房間，但是裡面床跟家具的位置已經換過了，感覺很不一樣。房間裡面還是有三張床，本來我跟育胤都選了靠近窗口那邊，但是我才剛在床上坐下來，床就被我給坐垮了？怎麼會這樣，我是有那麼重嗎？才輕輕一坐床就垮了，把我嚇了好大一跳。幸好旅館的櫃檯小姐正巧在旁邊，親眼看到這一幕，不然一定以為我是暴力破壞的，不知道會跟我索賠多少錢呢！也幸好這個房裡有三張床，不然我今天晚上可能就只能睡地上囉！

7/18

塞爾維亞‧貝爾格勒

晚上八點就要搭飛機踏上回家的路，等於傍晚六點以前得到機場check in，再往回推大約在四點半去搭車應該是綽綽有餘……等。這趟旅程每天出門前都要先盤算一下時間要怎麼安排，雖然今天表面上看起來我們應該是有整天的時間可以用，但是如果離開市區去遠一點的地方，不確定的因素太多（如車子拋錨、塞車、迷路……等），實在是不適合在要搭飛機這天冒險。會考慮這麼多，實在是因為我的運氣很差，曾經在日本要搭火車到機場，結果遇到火車故障，搞到最後沒趕上飛機；也在蒙古遇到火燒車，整台車被大火燒個精光；坐車坐到車壞掉更是經常遇到。（PS.關於我過往的旅程，仔細想想好像還蠻多亂七八糟的意外。）看來，市區逛逛走走再好好的吃個午餐，似乎是最安全的安排。

郵局不可以帶槍進去

出發前我先去位在六樓的旅館櫃檯寄放行李，省得出去還得趕中午前要回來check out，順便我們去問櫃台小

姐郵局及搭機場巴士的確切位置。這個旅館位置真的很好，在陽台即可看到火車站及公車站，櫃台小姐帶我們到陽台上把地方指給我們看。下樓之後我們先去察看機場巴士搭車處，果然有一個牌子還載明班次的時間，看來車班真的還蠻多的，沒什麼好擔心的。接著我們晃到郵局那棟大樓去，又找不到入口真是糟糕，為什麼大門不會放在靠馬路這邊的明顯處呢？我們在側面發現一個入口，走進去之後一個阿伯看我們拿著明信片，就指示我們出去，並比了右轉再右轉的動作。反正也講不通，出來自己再找便是了。不過，右轉再右轉之後是通往似乎是郵務車的地方，不像是我們要寄信的地方耶！只好再回頭，竟在靠馬路這一側發現一個隱密的門，剛剛之所以錯過沒看到是因為它沒有明亮的玻璃，一點都不像是郵局的樣子。進門前，一般都是禁止飲食的告示，但是這裡卻是禁止槍枝（標誌就是有一把槍並畫了紅色禁止線）。搞什麼啦，是有人會帶槍來寄信唷？就算真的有帶槍，畫個符號難道門口要設個寄槍處嗎？比手畫腳之後，我們順利買到郵票，並且在那

邊趕快把明信片寫好交給櫃檯的小姐，可不想等等又整路找郵筒呀！

聖馬可教堂
Sveti Marko church

教堂看太多實在是麻痺了！比較起來聖馬可教堂旁邊的大公園反倒比較吸引我的。城市中的小公園總是給人很舒服的感覺，相信很多人的感覺也是這樣，不少人在公園裡散步、遛狗，跟旁邊馬路上繁忙的交通形成強烈的對比。這個教堂裡還是不能拍照，只能拍個外觀跟大門。

聖馬可教堂旁邊有一個小小的俄羅斯教堂（Russian church），有兩個可愛但不明顯的藍色洋蔥頭。俄羅斯教堂頂上的十字架不是一般教堂看到的那樣，橫的部分有一短一長，另外在下端還有一小段斜斜的，特別好辨認。它的庭院有不少女士坐在那邊聊天，看起來是個還有在使用的小教堂，不過我們沒有進去打擾那片寧靜和諧的氣氛。

·聖馬可教堂
·小俄羅斯教堂

再往國會議事堂的方向走，中間會經過一棟好大的郵政總局，整棟建築的外觀裝飾著頗具規模的大石柱，一整個看起來就很氣派，另外加上石頭看起來有點陳舊感（幸好它不是新的），天曉得為什麼我真的好喜歡這類型的建築物。至於旁邊的國會議事堂外觀也極具特色，加上今天是個天氣好好的大熱天，拍起照來張張都有清澈的藍天，怎麼看都好看。歐洲地方也算是大，大部分的建築都蓋得不是很高，而且很多都會有挑高設計，看起來就是沒有壓迫感但卻很有氣勢的樣子。這在台灣、日本這樣寸土寸金的國家，是不可能辦得到的啦！高樓就比較沒有辦法給人那種氣派、可以流傳千古的感覺。議事堂正門口有兩個人與馬的雕像，長得真的怪，一個是人把馬背在背上，另一個像是人被把馬舉起前腳踢到。因為沒有任何的標示說明，我實在猜不透這兩個姿勢有點變態的雕像是要表達什麼意思？

今天就是Citywalk了，當然接下來還是繼續走，我們經過了成立50周年的塞爾維亞歷史博物館（Historical museum od Serbia）。到門口時我跟育胤都停了一下，「要不要進去？」我問。想了一下，這巴爾幹半島諸國的歷史亂七八糟，就算找個說中文的歷史老師來講，

我們大概也聽不懂。眼下又沒有中文講解，裡面八成也是看不懂的塞爾維亞文，或是熟悉的26個字母站成我們不認識的樣子，依我們的程度應該只是進去浪費錢跟時間而已，還是算了吧！

略過歷史博物館之後，我的肚子實在是太餓了，忍受不了飢餓的我看到路邊有賣披薩的店，當下就決定先吃了再說，完全忘了今天要好好的吃一頓大餐這件事。這家披薩店生意不錯，騎樓有高腳桌椅可以外帶坐著吃，順便讓走了一早上的腳稍稍休息一下。路邊吃這種漢堡、披薩類的食物都還蠻便宜的，一個披薩加一瓶可樂只要260 den，所以我們才會一直覺得搭車真的是很貴嘛！

吃飽喝足後又是一尾活龍了，接著我們來到位於共和廣場（Republic Sq.）的國家劇院（National Theatre）及整修中的國家博物館（National Museum）。我就說我的運氣不好嘛！整路不是遇到整修就是沒有開，每次我都很想問：「你們是不知道暑假觀光客特別多嗎？整修不會早一點弄一弄唷？」我既沒有要進

②

・① 塞爾維亞歷史博物館
・② 郵政總局
・③④ 國會議事堂

· 國家劇院

· 國家博物館

· Knez Mihailova

劇院看表演（我手上的資料顯示冬天才有表演）也無意參觀博物館，比起裡面我更喜歡建築物的外觀，所以對那圍滿鷹架的博物館感覺十分厭惡。共和廣場附近有商圈，所以不少人選擇相約在這裡碰面，鄰近的商店、餐廳很多，可惜我已經吃飽了。我們沿著Knez Mihailova這條路走，很多知名品牌的專賣店以及一些當地品牌的小店，還蠻有得逛的。路上也有不少街頭藝人的表演，但應該是需要執照才行，因為我們看到警察在檢查表演者及擺攤者。幸好我們有帶足夠的旅費，沿路也夠小心沒把錢給搞丟，不然這裡還無法靠街頭賣藝來賺到回家的錢咧！建議大家出國前想想，你到底有啥才藝是可以在外國

展現而且可以賺到錢的？就算沒有用來賺錢，用來交朋友也是不錯的呀！如果真的想不到沒關係，我可以提供一個大家都會的東西，保證一定吸引外國人，那就是──寫國字。因為外國人多半都覺得中文字像圖畫一樣美麗，感覺也很特別，所以還蠻喜歡的，有不少地方都有賣印有國字的T恤或是紋身貼紙，顯見有市場。如果你還隨身帶著毛筆那就更酷了，一定可以賺到回家的錢，說不定連旅費都賺回來了唷！哈哈！（PS.我是沒試過在街上擺攤，也希望不會有一天淪落至此啦！）

逛得差不多後，我們就走回旅館了，這一趟巴爾幹半島之旅即將畫上

句點，最後的一關—出境，應該不會有太大的問題吧（我希望）！但是還沒出境，就得提高警覺、保持頭腦清醒，才好應付任何的突發狀況。

計程車比公車便宜

當我們拖著行李走到機場巴士站時，有不少計程車都停下來問我們要不要搭？因為我們來時也是搭巴士，不覺得搭巴士有何不便之處，去機場自然就想循原途徑就好。所以對停下來的計程車一律搖手回絕，但是有一台計程車阿伯就是不死心，停車並熄火的杵在我們前面，一邊說了一堆我們聽不懂的塞爾維亞話。奇怪了，我們看起來是那麼不像外國人嗎？後來他找了路邊一個妞要她翻譯給我們聽，總之就是車子已經開走，下一班不知道要等多久之類的，還拿出鈔票說我們搭他的車到機場只要500den。雖然跟阿伯無法溝通，但是這價錢比我們兩個人搭公車更便宜，又看在他花了不少時間跟力氣想載我們，最後我們是決定上車了。雖然阿伯看起來不像壞人，一路

上照例我還是深怕被載去賣，幸好一路都開在跟來時差不多的路上（其實沿路都長得差不多，我也只能這麼一直安慰自己），最後順利在機場門口放我們下車。呼！終於到機場了，我們真的要回家了。

回程

因為瑞航還沒有開櫃，我選擇在咖啡店喝咖啡順便寫點東西，育亂則是想去逛逛機場。通關前其實沒幾家店

·出境章蓋在登機證上，護照上的入境章顯然是個美麗的錯誤

好逛的，育胤不久就回來找我了，據說所有的東西都比昨天在超市多了一倍的價錢，十分恐怖。看來剩下的錢，可能得出海關之後的免稅店看看有沒有可以花掉的地方。瑞航開櫃之後我們馬上去掛行李，很順利地拿到兩段登機證，並把行李直掛回台灣。最後曼谷回台北的登機證得到曼谷才能去轉機櫃台辦，但是這一段我們倒是不擔心，因為屆時我們是要回國，沒理由會有問題。

最後的關卡——出境，我們一直都是擔心煩惱的，雖說我們要回家應該是不成問題，但有時也會搞上許久。基於雞蛋別放同一個籃子的概念，我跟育胤選擇排不同窗口準備出境，我們因為護照裡已經有入境章了（從保加利亞回塞爾維亞的火車上蓋的），所以我們打算不拿出那張入境許可，看看他們會不會就直接蓋了出境章給我們出去了。事實上，機場的海關人員是很精明的，育胤那個看了護照之後，就問育胤要那張入境許可，隔壁我排的這個就跟著也跟我要，看來不拿出來是不行的。他們看了之後，便把出境章蓋在我們那張入境許可上，就讓我們通關了，看來那個火車上蓋的入境章只是個美麗的錯誤。另外要補充一點，地球的步方上說要有住宿證明，我們整路都收得好好的，深怕一個不小心弄丟了會怎麼樣，但是海關人員連提都沒提起這件事，更別說查看了，不過在人生地不熟的地方，建議大家還是把相關東西都留著應該才是最安全的做法吧！

接下來一路順利經蘇黎士、曼谷轉機回到了台灣，這部分就沒啥好說的了！巴爾幹半島二十一日，就從第一天追趕跑跳、亂七八糟的開始，至此平安的結束，這次沒去到的羅馬尼亞及保加利亞的其他地方，希望物價別漲太兇，等著我吧！下次我會選擇不要從塞爾維亞著陸的。

附錄一

匯率及物價

地區	貨幣	換算	大水 1.5L	廁所	行李費	月台票	公車票
塞爾維亞	din	1 din=NT. 0.36	65din		30-40 din	50 din	150 din
波赫	KM	1 KM=NT .20.38	0.75KM	0.5-1KM	1-2 KM	1 KM	1.6-2 KM
克羅埃西亞	kn	1kn=NT .5.58	7kn		10kn	×	12-15 kn
蒙特內哥羅	€	1€=NT. 39.7	0.7€	0.3€		×	
阿爾巴尼亞	lek	1lek=NT. 0.283	70lek		×	×	
馬其頓	den	1 den=NT. 0.65	25-30den	×	30den	×	
保加利亞	Lv	1Lv=NT. 20.33	0.75Lv	0.5Lv			1Lv

2013年暑假巴爾幹半島住宿列表

日期	國家／城市	旅館名
6/30 & 7/17	塞爾維亞／貝爾格勒	Downtown Belgrade Hostel and Apartments
7/1	塞爾維亞／烏日朵	Hotel Zlatibor
7/2	波士尼亞赫塞哥維納／維舍格勒	Visegrad Hotel
7/3-4	波士尼亞赫塞哥維納／塞拉耶弗	Hotel Telal
7/5-6	克羅埃西亞／杜布羅夫尼克	Rooms Zimmer Camare / Slavko Cuk

價錢 （雙人房／晚）	地址&電話 &e-mail	描述
30歐元	Karadjordjeva 91, Stari grad Belgrade, 11000 +381669615375 downtownbelgrade@yahoo.com	火車站及巴士總站對面 公寓：附衛浴、廚房、空調
3800din （35歐元）	UT AD "SLOGA" , 31000 Užice, Dimitrija Tucovića 149 +381（31）514-251 http://hotel-zlatibor.com/	火車站及巴士總站附近走5分鐘 雙人房：含早餐、衛浴、空調
43歐元	Trg palih boraca bb, Visegrad, Bosnia and Herzegovina	古橋旁 雙人房：含早餐、衛浴、空調
35歐元	Abdesthana 4 Sarajevo, 71000 +38733532125 hotel.telal@gmail.com	雙人房：含早餐、衛浴、空調
28歐元	Komolacka 4, 20000 Dubrovnik, Croatia +385 98 1961182 +385 20 435791	民宿：陽台、空調、共用衛浴、共用廚房

日期	國家／城市	旅館名
7/7-9	蒙特內哥羅／布達瓦	Guesthouse Olga
7/10-11	阿爾巴尼亞／地拉那	Center Rooms Oresti
7/12	馬其頓／奧赫里德	Arsenoski Blagoj
7/13	馬其頓／史高比耶	Motel Le Village
7/14-15	保加利亞／索菲亞	Hotel Aris
7/16	臥舖火車	

價錢 （雙人房／晚）	地址&電話 &e-mail	描述
44.6歐元	Mainski put b.b. Budva, 85310 +38269463622 vilaolga@t-com.me	雙人房：含衛浴、空調
36歐元	Bardhok Biba 12 Tirana, 1001 +355682022313 agronsalku@yahoo.it	雙人房：含衛浴、空調
15歐元	facebook: Blaze Cajce +389 46 265334	民宿：含衛浴、廚房
30歐元	Rade Jovcevski Korcagin 37 Skopje, 1000 +38923213703 levillage1@yahoo.com	雙人房：含衛浴、空調
44歐元	Seliolu 1 Sofia, 1202 +35929313177 info@hotel-aris.com	雙人房：含早餐、衛浴、空調

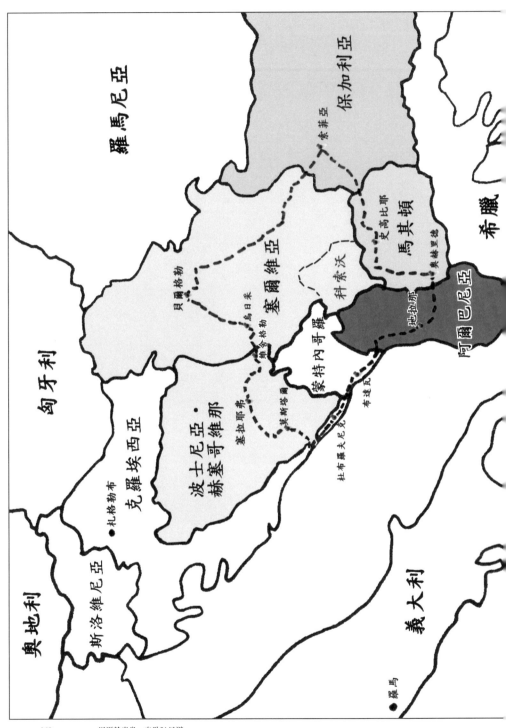

罗马尼亚

保加利亚

索菲亞

希臘

史高比耶

馬其頓

奥赫里德

貝爾格勒

塞爾維亞

科索沃

阿爾巴尼亞

地拉那

烏日采

普里斯提納

塞拉耶弗

蒙特內哥羅

布達瓦

波士尼亞·赫塞哥維那

莫斯塔爾

杜布羅夫尼克

匈牙利

克羅埃西亞

札格勒布

斯洛維尼亞

奥地利

義大利

羅馬

釀旅人11　PE0067

 巴爾幹半島自助21日遊

作　　者	曹嘉芸
責任編輯	黃姣潔
圖文排版	陳佩蓉
封面設計	陳佩蓉

出版策劃	釀出版
製作發行	秀威資訊科技股份有限公司
	114 台北市內湖區瑞光路76巷65號1樓
	電話：+886-2-2796-3638　傳真：+886-2-2796-1377
	服務信箱：service@showwe.com.tw
	http://www.showwe.com.tw
郵政劃撥	19563868　戶名：秀威資訊科技股份有限公司
展售門市	國家書店【松江門市】
	104 台北市中山區松江路209號1樓
	電話：+886-2-2518-0207　傳真：+886-2-2518-0778
網路訂購	秀威網路書店：http://www.bodbooks.com.tw
	國家網路書店：http://www.govbooks.com.tw
法律顧問	毛國樑　律師
總 經 銷	創智文化有限公司
	236 新北市土城區忠承路89號6樓
	電話：+886-2-2268-3489　傳真：+886-2-2269-6560
	博訊書網：http://www.booknews.com.tw

出版日期	2014年8月　BOD一版
定　　價	330元

國家圖書館出版品預行編目

巴爾幹半島自助21日遊 / 曹嘉芸著. -- 一版.
-- 臺北市：釀出版, 2014.08　面；　公分
（釀旅人；PE0067）BOD版
ISBN 978-986-5696-33-7(平裝)

1.遊記 2.巴爾幹半島

749.09　　　　　　　　　　　　　103014520

讀 者 回 函 卡

感謝您購買本書,為提升服務品質,請填妥以下資料,將讀者回函卡直接寄
回或傳真本公司,收到您的寶貴意見後,我們會收藏記錄及檢討,謝謝!
如您需要了解本公司最新出版書目、購書優惠或企劃活動,歡迎您上網查詢
或下載相關資料:http:// www.showwe.com.tw

您購買的書名:＿＿＿＿＿＿＿＿＿＿＿＿＿＿＿＿＿＿＿＿＿＿＿

出生日期:＿＿＿＿年＿＿＿＿月＿＿＿＿日

學歷:□高中 (含) 以下　□大專　□研究所 (含) 以上

職業:□製造業 □金融業 □資訊業 □軍警 □傳播業 □自由業
　　　□服務業 □公務員 □教職　□學生 □家管　□其它＿＿＿

購書地點:□網路書店 □實體書店 □書展 □郵購 □贈閱 □其他

您從何得知本書的消息?

　　□網路書店 □實體書店 □網路搜尋 □電子報 □書訊 □雜誌

　　□傳播媒體 □親友推薦 □網站推薦 □部落格 □其他＿＿＿＿＿

您對本書的評價:(請填代號 1.非常滿意 2.滿意 3.尚可 4.再改進)

　　封面設計＿＿ 版面編排＿＿ 內容＿＿ 文／譯筆＿＿ 價格＿＿

讀完書後您覺得:

　　□很有收穫 □有收穫 □收穫不多 □沒收穫

對我們的建議:＿＿＿＿＿＿＿＿＿＿＿＿＿＿＿＿＿＿＿＿＿＿＿

＿＿＿＿＿＿＿＿＿＿＿＿＿＿＿＿＿＿＿＿＿＿＿＿＿＿＿＿＿＿＿

＿＿＿＿＿＿＿＿＿＿＿＿＿＿＿＿＿＿＿＿＿＿＿＿＿＿＿＿＿＿＿

＿＿＿＿＿＿＿＿＿＿＿＿＿＿＿＿＿＿＿＿＿＿＿＿＿＿＿＿＿＿＿

11466
台北市內湖區瑞光路 76 巷 65 號 1 樓
秀威資訊科技股份有限公司 收
　　　　　　BOD 數位出版事業部

....
（請沿線對折寄回，謝謝！）

姓　　名：＿＿＿＿＿＿＿＿　年齡：＿＿＿＿　性別：□女　□男

郵遞區號：□□□□□

地　　址：＿＿＿＿＿＿＿＿＿＿＿＿＿＿＿＿＿＿＿＿

聯絡電話：(日)＿＿＿＿＿＿＿＿　(夜)＿＿＿＿＿＿＿＿

E-mail：＿＿＿＿＿＿＿＿＿＿＿＿＿＿＿＿＿＿＿＿